세키구치 타에코의

# 러블리 인형옷
# LESSON

세키구치 타에코 지음
고현정 옮김

한 장의 천을 수많은 조각으로 잘라
다시 하나의 옷으로 만드는 것.

섬세한 공정도 뒤따라 무척 힘든 작업입니다.

그래도, 그렇기 때문에 완성했을 때의
성취감은 무척 크고 기쁨도 한층 더합니다.

그런 인형옷 만들기의 즐거움을 많은 사람들이 느끼실 수 있다면….

우선 두 장의 조각으로 만드는
손바느질 원피스부터 도전해보세요.

심플한 패턴의 아이템들이라
변화를 주는 대로 여러 가지 느낌으로 달라집니다.

파스텔컬러의 원단이나 리본, 레이스로 장식하면 소녀 감성으로,

시크한 원단에 메탈릭 파츠를 붙이면 매니시한 분위기로 바뀝니다.

좋아하는 것들을 가득 담아
자신만의 인형옷을 만들어보세요!

무리하지 말고, 시간 날 때마다 조금씩.

이 책을 보고 즐겨주신다면 무척 기쁠 거예요.

# CONTENTS

# 이 책으로 만들 수 있는 것들 모아보기

## 로즈마리 소와르

| For 22cm Doll | For 27cm Doll | For 20cm Doll |
|---|---|---|

**하트 에이프런 원피스**

만드는 법, 패턴은 P.082 →

**러브 걸 원피스**

만드는 법, 패턴은 P.090 →

**홀리 세일러 탑,
서스펜더 스커트**

만드는 법, 패턴은 P.086 →

## Girly Item

| For 20,22,27cm Doll | For 20,22,27cm Doll | For 20,22,27cm Doll | For 20,22,27cm Doll |
|---|---|---|---|

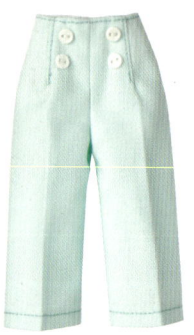

**손바느질 원피스
+ 탈착 칼라**

만드는 법은 P.032 →

패턴은 P.094 →

**폴라 티**

만드는 법은 P.038 →

패턴은 P.096 →

**와이드 팬츠**

만드는 법은 P.044 →

패턴은 P.098 →

**멜빵 스커트**

만드는 법은 P.048 →

패턴은 P.100 →

**룸 웨어 세트**
가운, 베이비 돌 원피스, 쇼트팬츠, 양말

만드는 법은　P.052
패턴은　P.102

**블라우스**

만드는 법은　P.060
패턴은　P.107

**퍼 칼라 코트**

만드는 법은　P.064
패턴은　P.109

| 사이즈 호환표 | 리카짱 (착용 사이즈 22cm) | 루루코 (착용 사이즈 20cm) | 모모코 (착용 사이즈 27cm) | 유노아·크루스 후로우라이트 (착용 사이즈 27cm) | 미사키 (착용 사이즈 27cm) | 제니 (착용 사이즈 27cm) | 브라이스 (착용 사이즈 22cm) | EX☆CUTE (착용 사이즈 22cm) | 오데코짱과 니키 (착용 사이즈 20cm) | 타이니·벳시·맥콜 (착용 사이즈 22/20cm) |
|---|---|---|---|---|---|---|---|---|---|---|
| 손바느질 원피스 | O | O | O | O | X 몸판 작은 편 | O | O | O | X 몸판 작음 | O 22cm |
| 폴라 티 | O | O | O | O | O 소매 약간 짧은 편 | O | O | O | △ 소매 긴 편 | O 22cm 소매 긴 편 |
| 와이드 팬츠 | O | O | O | O | O | O | O | O | △ 기장 긴 편 | O 20cm |
| 멜빵 스커트 | O | O | O | O | O 멜빵 짧은 편 | O | O | O | △ 기장, 멜빵 긴 편 | O 22cm |
| 룸웨어 가운 | O | O | O | O | O | O 소매 긴 편 | O | O | O | O 20cm |
| 룸 웨어 베이비돌 | O | O | O | O | X 몸판 작음 | O | O | O | O | O 20cm |
| 룸 웨어 쇼트 팬츠 | O | O | O | O | O | O | O | △ 허리 끼는 편 | △ 허리 헐렁함 | △ 22cm 조금 큰 편 |
| 룸 웨어 양말 | O | O | O | O | O | O | O | O | O 꽤 긴 편 | O 20cm |
| 블라우스 | O | O | O | O | △ 소매 입구 좁은 편 | O | O | △ 소매 입구 좁은 편 | △ 소매 입구 좁은 편 | O 20cm |
| 퍼 칼라 코트 | O | O | O | O | O | O | O | O | △ 소매 긴 편 | O 긴 편 |
| 로즈마리 소와르 하트 에이프런 원피스 | O | X | X | X | X | X | X | O | X | O 22cm |
| 로즈마리 소와르 러브 걸 원피스 | X | X | O | O | X 소매 입구 안 들어감 | O | X | X | X | X |
| 로즈마리 소와르 홀리 세일러 탑, 서스펜더 스커트 | X | O | X | X | X | X | X | X | 스커트 O 블라우스 X | X |

※ 사이즈 참고는 편집부가 조사했습니다.

## RoseMarie seoir?
### 로즈마리 소와르란?

마카롱을 떠올리게 하는 파스텔 색감을
사용한 패션 아이템을 모아놓은, 귀여운
것을 좋아하는 소녀를 위한 인기 있는
패션 브랜드. 감수성을 자극하는 아이템이
가득해요♥

RoseMarie seoir 라포레 하라주쿠점
도쿄시 시부야구 진구우마에 1-11-6
라포레 하라주쿠 2F
☎ 03-6447-0778

*Special* *photo story*

# RoseMarie seoir

*For doll*

소녀들이 사랑하는 브랜드,
로즈마리 소와르의 인기 의
상이 인형 사이즈로! 소녀
감성 넘치는 인형옷을 만
들어봐요♪

문 저편에는…

문 안쪽에 있는 곳은 한 번도 본 적 없는 장소.

가슴에 뜨거운 하트를 품은

싱그러운 꽃들에 매혹되어 잠듭니다.

하트 에이프런 원피스
(22cm 인형용)
만드는 법·패턴은 P.82~
칼라 없는 블라우스:
P.107의 패턴을 칼라 없이 변형.
양말·슈즈: 편집부 개인 소장
모델/LiccA 스타일리시 돌 컬
렉션 「올리브 페플럼 스타일」

Rose Marie seoir

Feat. LiccA

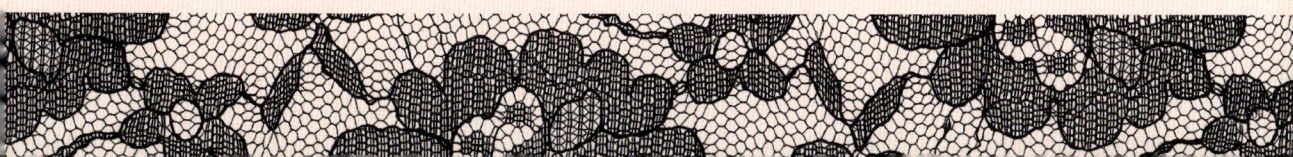

우유의 바다에 빠지는

꿈을 꿨어요. 세일러복의

마법으로, 감춰왔던 소녀의 마음이

조금씩 열립니다.

RoseMarie seoir
Feat.ruruko

홀리 세일러 탑과 서스펜더
스커트(20cm 인형용)
만드는 법·패턴은 P.86~
양말·슈즈: 편집부 개인 소장

ruruko™©PetWORKs Co.,Ltd.

# RoseMarie seoir

### Feat. momoko

프릴의 마법에 걸려,

영원히 잃지 않을

소녀의 시간을 새겨요.

러브 걸 원피스(27cm 인형용)
만드는 법·패턴은 P.90～
양말·슈즈: 편집부 개인 소장

momoko™©PetWORKs Co.,Ltd.

# Girly Item Sewing

다양하게 입을 수 있는 소녀 감성 아이템을 전부 만들어봐요!
20cm용은 루루코, 22cm용은 리카짱, 27cm용은 모모코를 모델로 소개합니다.

ITEM.1

## 손바느질
## 원피스

손바느질 원피스: 만드는 법은 P.32~
패턴은 P.94~
양말·슈즈: 편집부 개인 소장
모델 / 리카짱(비매품), 루루코, 모모코

# 폴라 티

폴라 티: 만드는 법은 P.38〜, 패턴은 P.96〜
룸 웨어 쇼트 팬츠: 만드는 법은 P.52〜, 패턴은 P.105〜
모델 / 모모코, 루루코
momoko™©PetWORKs Co.,Ltd.
ruruko™©PetWORKs Co.,Ltd.

폴라 티: 만드는 법은 P.38~, 패턴은 P.96~
와이드 팬츠: 만드는 법은 P.44~, 패턴은 P.98~
모자, 양말, 슈즈 등: 편집부 개인 소장
모델 / LiccA 스타일리시 돌 컬렉션
「올리브 페플럼 스타일」
© TOMY

와이드 팬츠 : 만드는 법은 P.44~, 패턴은 P.98~
블라우스 : 만드는 법은 P.60~, 패턴은 P.107~
모자·슈즈 : 편집부 개인 소장
모델 / 모모코

momoko™©PetWORKs Co.,Ltd.

ITEM.3

# 와이드 팬츠

와이드 팬츠: 만드는 법은 P.44~, 패턴은 P.98~
블라우스: 만드는 법은 P.60~, 패턴은 P.107~
가방, 양말, 슈즈 등: 편집부 개인 소장
모델 / 루루코

ruruko™©PetWORKs Co.,Ltd.

# 룸 웨어 세트

룸 웨어 세트: 만드는 법은 P.52~, 패턴은 P.102~
양말: 패턴만 P.106~
모델 / 리카짱(비매품)
© TOMY

룸 웨어 세트: 만드는 법은 P.52~, 패턴은 P.102~
양말: 패턴만 P.106~
모델 / 모모코, 루루코

# 멜빵 스커트

멜빵 스커트: 만드는 법은 P.48~
패턴은 P.100~
블라우스: 만드는 법은 P.60~
패턴은 P.107~
양말, 슈즈 등: 편집부 개인 소장
모델 / 모모코

momoko™©PetWORKs Co.,Ltd.

멜빵 스커트: 만드는 법은 P.48~
패턴은 P.100~
폴라 티: 만드는 법은 P.38~
패턴은 P.96~
슈즈 등: 편집부 개인 소장
모델 / 리카짱(비매품)
© TOMY

# 블라우스

블라우스: 만드는 법은 P.60~
패턴은 P.107~
와이드 팬츠: 만드는 법은 P.44~
패턴은 P.98~
모자, 양말, 슈즈 등: 편집부 개인 소장
모델 / 리카짱(비매품)

© TOMY

블라우스: 만드는 법은 P.60~
패턴은 P.107~
와이드 팬츠: 만드는 법은
P.44~, 패턴은 P.98~
안경: 편집부 개인 소장
모델 / 모모코

momoko™©PetWORKs Co.,Ltd.

# 퍼 칼라 코트

퍼 칼라 코트: 만드는 법은 P.64~, 패턴은 P.109~ 와이드 팬츠: 만드는 법은 P.44~, 패턴은 P.98~
안경, 양말, 슈즈 등: 편집부 개인 소장, 모델 / 루루코

ruruko™©PetWORKs Co.,Ltd.

퍼 칼라 코트: 만드는 법은 P.64~, 패턴은 P.109~ 와이드 팬츠: 만드는 법은 P.44~, 패턴은 P.98~
슈즈 등: 편집부 개인 소장, 모델 / 모모코

# 인형옷을 만들기 전에

실제로 옷을 만들기 전, 준비해 둘 것과
외워둬야 할 것을 정리해봤습니다.

준비 도구

우선 아이템을 준비해요!
수예점이나, 물건에 따라서 다이소에서도 살 수 있어요.

**1** 송곳
주로 옷깃의 커브 등 섬세한 곳을 정리할 때 사용합니다.

**2** 리퍼(실뜯개)
재봉을 잘못했을 경우 실을 잘라낼 때 사용합니다.

**3** 바늘, 시침핀
손바느질에 사용할 바늘과 가봉할 때 필요한 시침핀은 꼭 준비하세요.

**4** 실
색상은 원단에 어울리게 고릅니다. 보통 원단과 같은 색을 사용해요.

**5** 초크 펜
원단에 표시를 하거나 완성선을 그리는, 물이나 다림질로 지워지는 펜

**6** 지우개 펜
초크 펜을 바로 지울 수 있는 펜. 초크 펜과 세트로 가지고 싶어지죠.

**7** 자
시접이나 선을 그릴 때 사용합니다. 수예용이 아니라도 괜찮아요.

**8** 겸자
수예용 겸자 가위. 섬세한 부분을 뒤집을 때 무척 편리해요.

**9** 가위
원단용, 종이용, 실 자르기용, 이렇게 세 종류를 준비하는 게 가장 좋아요.

**10** 재봉틀
인형옷은 작으니 바늘땀은 1~1.5mm 정도로 맞춥니다.

**11** 원단용 접착제
천의 가봉 등에 사용할 수 있어서 편리해요. 많이 바르지 않도록 주의!

**12** 올풀림 방지액
천의 잘린 부분에 발라 놓으면, 올풀림을 막을 수 있어요! 완전히 건조시켜요.

**13** 다리미
시접을 누르거나, 접는 금을 표시하거나, 여러모로 사용 빈도가 높아요.

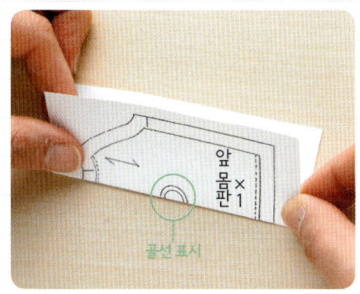

**1** 패턴을 복사합니다. 골선 표시가 있다면, 표시된 선을 따라 반으로 접습니다.

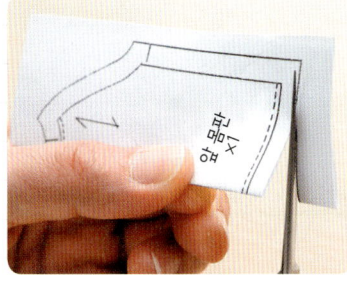

**2** 접어서 겹친 채로 시접 선에 맞추어 잘라냅니다.

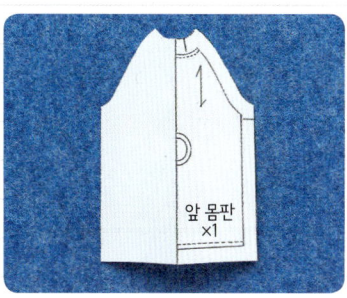

**3** 펼친 상태의 패턴이 만들어집니다. 옆에 있던 패턴을 사용할 수 없게 될 때는 필요한 장수만큼 복사합니다.

특히 시폰 같은 얇은 원단은 미끄러지기 쉬우니 요주의. 패턴을 원단에 옮겨 그리기 전, 천을 미리 작게 자른 후 옮겨 그리면 쉽다!

**4** 천에 옮깁니다. 양면테이프로 살짝 고정하면 그리기 쉬워집니다. 펠트매트를 밑에 깔고 원단의 뒷면이 앞으로 오게 합니다. 그 위로 천의 방향에 맞춰서 패턴을 올리고 외곽을 초크 펜으로 그립니다.

**5** 완성선을 그립니다! 주요 부분에 송곳으로 구멍을 뚫습니다. 송곳으로 구멍을 뚫은 곳에 표시를 합니다.

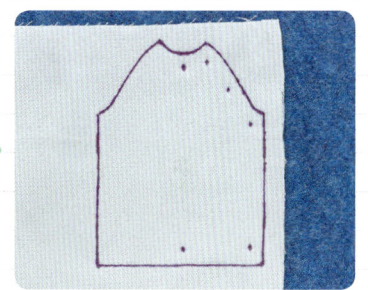

**6** 표시를 하면 이런 느낌!

**7** 자를 사용해 점을 잇습니다.

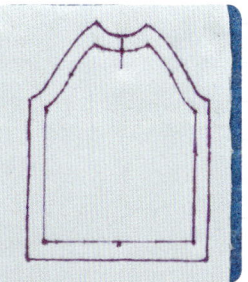

**8** 완성선도 그렸습니다! 트임 끝, 중심선 등도 이때 표시해둡니다.

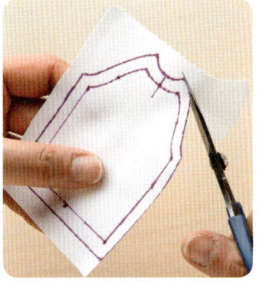

**9** 천을 자릅니다. 대강 자른 다음 재단하는 게 삐뚤어지지 않고 자르기 쉬워요.

**10** 천 가장자리에 올풀림 방지액을 바릅니다. 방지액이 시접 안쪽으로 침투하지 않도록!

## 시접의 표시가 없는 패턴의 경우

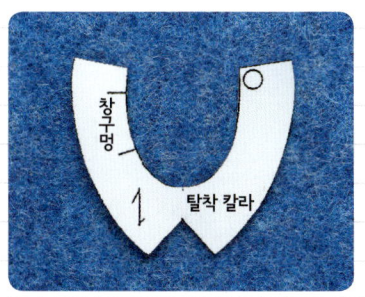

**1** 카피한 패턴을 자릅니다.

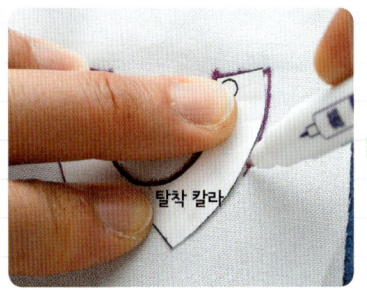

**2** 잘라낸 패턴을 적당한 크기의 원단 위에 올리고 그려줍니다.

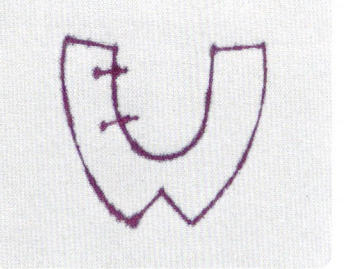

**3** 창구멍 표시도 잊지 말고! 옮겨 그린 완성선을 따라 재봉한 후, 시접을 주고 주위를 자릅니다.

**STEP3** 외워두고 싶은 손바느질 테크닉

이것만 알고 있어도 어떻게든 된다!
이 책에서 많이 사용하는 방법을 소개합니다.

🧵 **온박음질** 인형옷을 손바느질할 경우엔 기본인 온박음질로! 반박음질보다 튼튼합니다. **P.33에 나와요!**

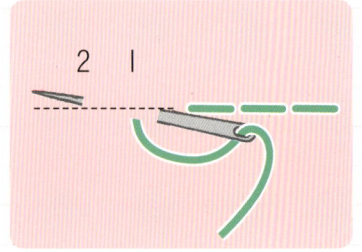

**1** 2번 앞으로 바늘을 뺍니다.

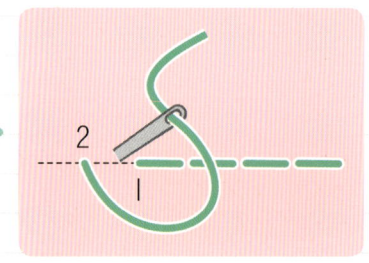

**2** 1번 땀에 돌아가듯 바늘을 넣고, 바늘 끝을 2번 앞으로 뺍니다.

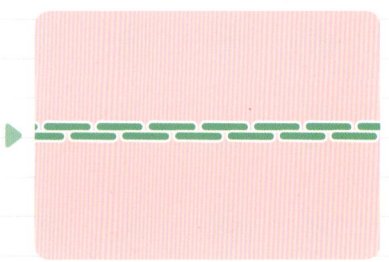

**3** 뒷면을 보면 바늘땀이 이런 모양이 되어 있어요.

🧵 **ㄷㄱ자 박기(공그르기)** 트임을 잇는 것이 ㄷ자 박기. 이름처럼 가타카나의 「ㅋㄱ」자처럼 이어 붙입니다. **P.70에 나와요!**

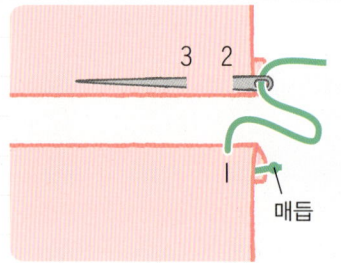

**1** 천의 시접을 맞대고, 바늘을 넣습니다.

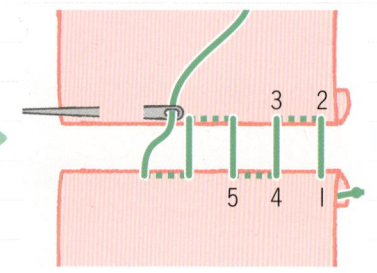

**2** 겉에서 실이 보이지 않도록 순번대로 잇대어 깁습니다.

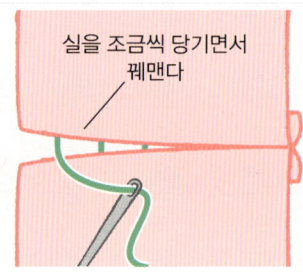

실을 조금씩 당기면서 꿰맨다

**3** 실을 잡아당기면서 트임을 이어줍니다.

🧵 **실 로프** 실로 비즈 등을 걸 수 있는 후크처럼 만듭니다. **꽤 나와요!**

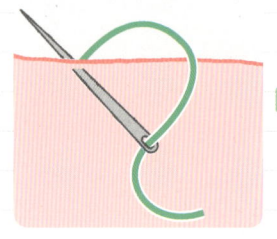

**1** 천에 바늘을 통과시켜, 2~3회 실을 달아 붙박아줍니다.

**2** 원 안으로 실을 넣어서 사슬뜨기 상태로 만듭니다.

**1** 사슬뜨기를 시작합니다.

**2** 딱 적당한 길이가 되면 로프 형태가 되도록 바늘로 실을 붙박아줍니다.

🧵 **매듭짓기** 실을 고정하기 위한 스토퍼의 역할. 반드시 익혀두세요!

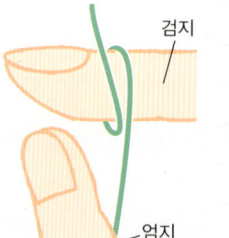

검지

엄지

**1** 검지에 실을 한 번 감습니다.

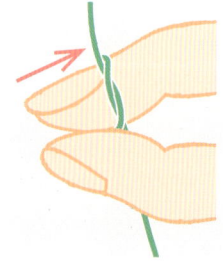

**2** 검지로 실을 굴려서 손가락에서 실을 빼내 실 끝에 매듭을 만듭니다.

🧵 **마무리 매듭** 바늘땀이 풀어지지 않게 바느질 마무리에 사용합니다.

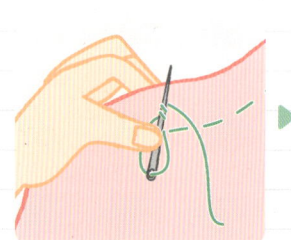

**1** 마지막 땀에 바늘을 대고 고정하여 바늘에 실을 2~3회 감습니다.

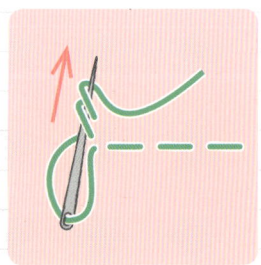

**2** 바늘을 위로 빼내면 매듭이 생깁니다.

# 만드는 법

Girly Item Sewing

# 손바느질 원피스

레벨

## ITEM.1

Girly Item Sewing

ITEM.1
手縫い
ワンピース

> **포인트**
>
> 재봉틀을 갖고 있지 않은 사람이라도 손바느질로 만들 수 있는 원피스. 초보라면 여기서부터 시작해봐요! 바느질의 기본인 온박음질로. 바늘땀을 짧게 할수록 예쁘게 완성됩니다. 재봉틀을 사용해도 무방해요.

## 필요한 재료

● **20cm 인형**
몸판용 모직물 정도 두께의 원단 ········· 7cm×10cm
몸판 안단용 틸 ·································· 7cm×10cm
스커트용 모직물 정도 두께의 원단 ····· 10cm×21cm
뒤여밈용 3mm 펄 비즈 ···················· 2개

● **22cm 인형**
몸판용 모직물 정도 두께의 원단 ········· 8cm×11cm
몸판 안단용 틸 ·································· 8cm×11cm
스커트용 모직물 정도 두께의 원단 ····· 10cm×22cm
뒤여밈용 3mm 펄 비즈 ···················· 2개

● **27cm 인형**
몸판용 모직물 정도 두께의 원단 ········· 9cm×12cm
몸판 안단용 틸 ·································· 9cm×12cm
스커트용 모직물 정도 두께의 원단 ····· 12cm×24cm
뒤여밈용 3mm 펄 비즈 ···················· 2개

패턴은 P.94~

앞

뒤

+

보너스로 탈착 칼라를 만드는 법도!
P.37

# 손바느질 원피스 만드는 법
## ITEM.1

**몸판을 바느질해요!**

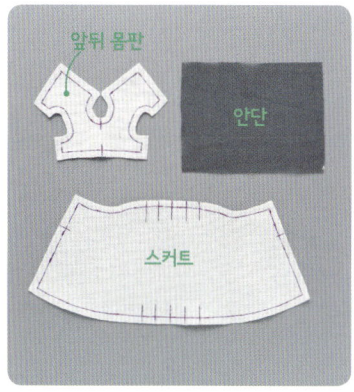

**1** 각 부분을 재단합니다. 패턴에 있는 표시도 잊지 말고 그려줘요.

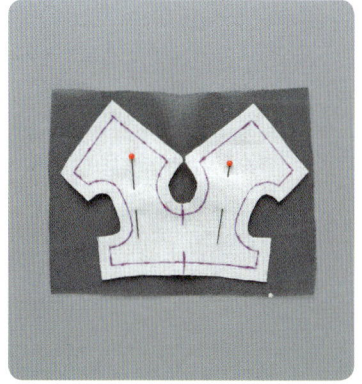

**2** 안단과 몸판을 겉면이 마주보도록 겹치고 시침핀으로 고정합니다.

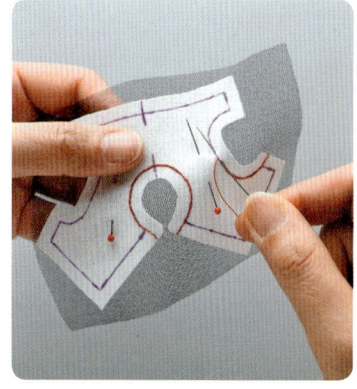

**3** 목둘레, 진동둘레를 완성선을 따라 온박음질로 바느질합니다. 바늘땀의 간격은 약 2mm 정도로.

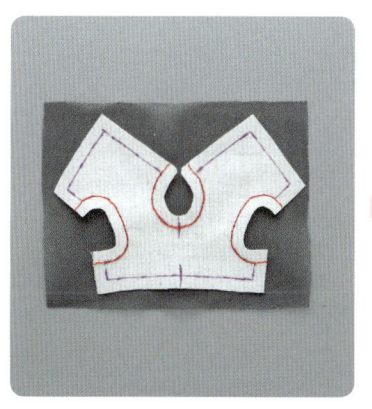

**4** 목둘레, 진동둘레를 꿰맸어요!

**5** 남은 틀을 잘라줍니다.

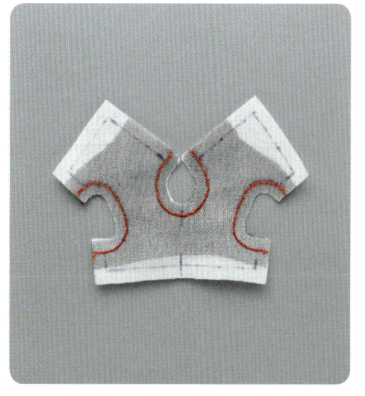

**6** 패턴선에 맞춰 자릅니다.

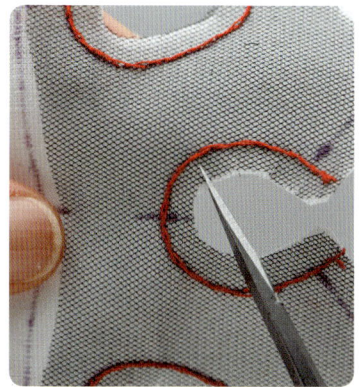

**7** 목둘레 진동둘레에 가위집을 냅니다. 겉으로 뒤집었을 때 천 당김을 방지하기 위해 작은 커브가 있는 곳은 가위집을 여러 군데 내주세요.

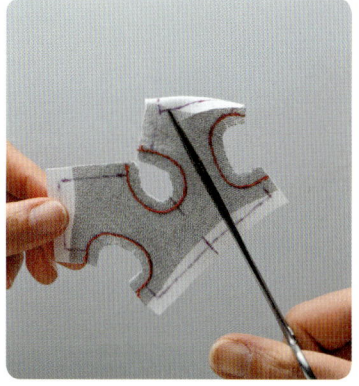

**8** 수예용 겸자로 앞에서부터 어깨 부분을 집어 뒤집습니다. 나머지 반대편도 똑같이.

휘리릭!

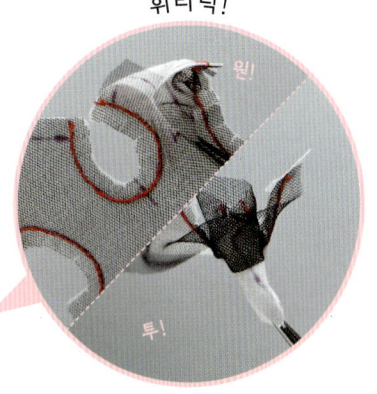

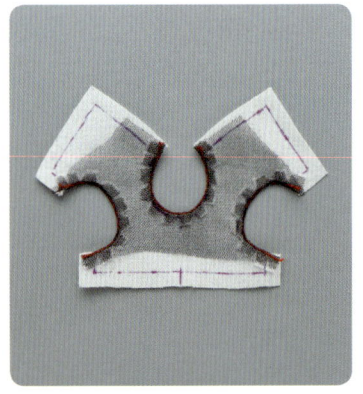

**9** 뒤집은 후 전체적으로 다림질을 하여 정리합니다.

**10** 겉면은 이런 상태.

**11** 옆선을 겉면끼리 겹친 후 온박음질로 꿰맵니다.

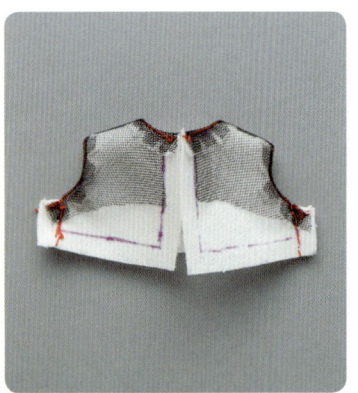

**12** 양쪽을 다 꿰맵니다.

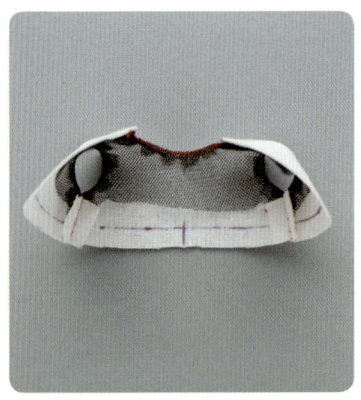

**13** 겉으로 뒤집고 옆선 시접을 가름솔합 니다.

**14** 몸판 완성!

## 스커트 부분을 만들어요!

**15** 완성선을 안쪽으로 접어두고, 스커트 밑단의 시접에 접착제를 바릅니다.

**16** 송곳이나 이쑤시개 등으로 접착제를 골고루 펴줍니다. 너무 많이 바르지 마 세요!

**17** 밑단을 접착제로 접착합니다. 접착한 부분을 다림질하면 좀 더 빨리 붙어요.

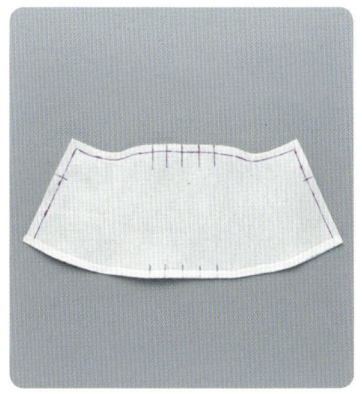

**18** 접착 완료!

**19** 패턴 표시에 맞춰서 안쪽으로 접어, 박스 플리츠를 만듭니다. 다리미로 확실하게 눌러요.

**20** 플리츠의 윗부분만 누르기 위해 완성선대로 접어 위아래를 시침질로 고정합니다.

## 몸판과 스커트를 연결할 거예요!

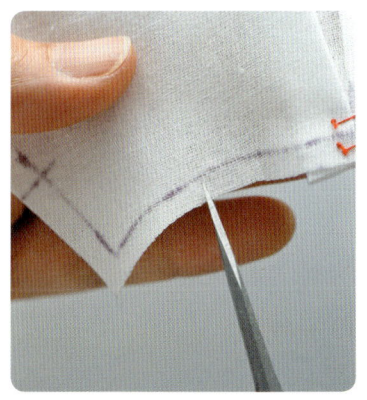

**21** 스커트의 커브에 가위집을 냅니다.

**22** 몸판과 스커트를 연결합니다. 겉면끼리 마주 보게 하고 중심선을 맞춥니다.

**23** 시침핀으로 고정해주세요.

**24** 끝에서 끝까지 완성선 위를 시침핀으로 고정합니다.

**25** 시침핀으로 고정한 완성선을 따라 바느질합니다.

**26** 시접을 몸판 쪽으로 눕혀 다림질합니다.

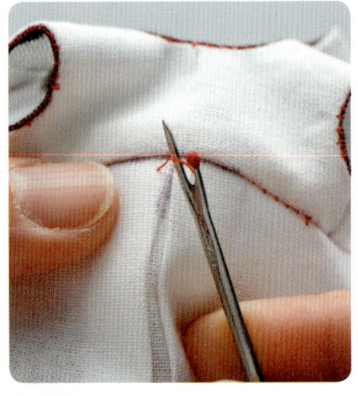

**27** 플리츠를 눌러주던 시침실을 잘라냅니다. 실뜬개를 사용하면 편리해요.

**28** 시접을 위로 눕힌 상태.

**29** 뒷면 중심의 트임 끝 위치까지 시접에 본드를 발라 완성선을 따라 접고 접착합니다.

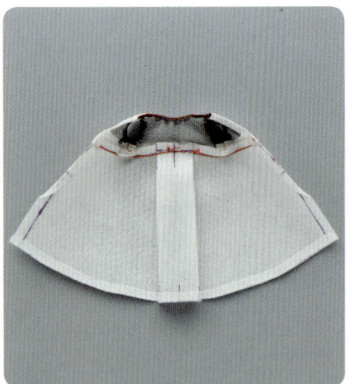

**30** 반대편도 똑같이 접착.

**31** 겉면끼리 마주 보게 겹쳐 뒷면 중심을 맞추고 트임 끝 위치와 밑단을 시침핀으로 고정합니다.

**32** 밑단에서 트임 끝까지 완성선을 따라 온박음질로 꿰맵니다.

**33** 꿰맨 부분의 시접을 다리미로 눌러 가릅니다.

**34** 겉으로 뒤집어서 전체적으로 다림질을 하고 정리합니다.

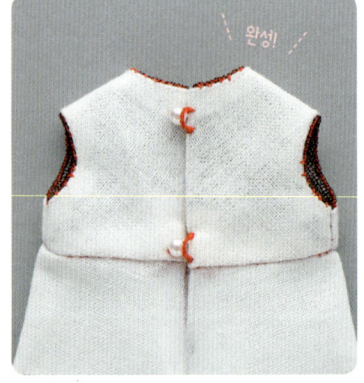

**35** 실 루프(P.30 참고)와 비즈를 답니다.

보너스 탈착 칼라로 이어져요!

손바느질 원피스에 잘 어울려!

# 탈착 칼라 만들기

뒷면을 보면

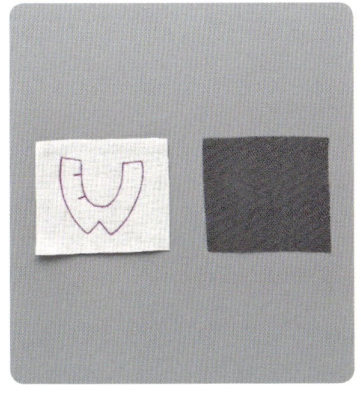

**1** 필요한 시접보다 더 큰 크기로 자른 원단에 칼라 패턴을 그려둡니다.

**2** 칼라와 안단을 겉면끼리 마주 보게 겹치고 완성선을 따라 바느질합니다. 창구멍(표시와 표시의 사이)만 남깁니다.

**3** 박은 자리에서 시접을 3mm 정도 남기고 나머지는 잘라냅니다.

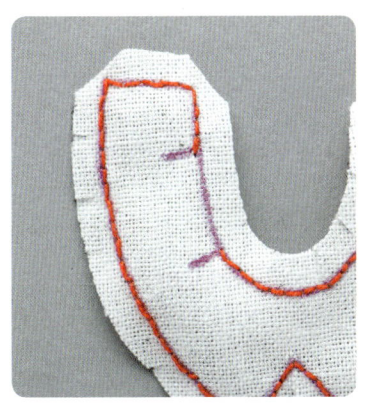

**4** 모서리 부분을 잘라내고 커브에 가위집을 냅니다. 이렇게 하면 나중에 뒤집었을 때 각이 예쁘게 나옵니다. 박지 않은 창구멍 부분은 가위집을 내지 마세요.

**5** 수예용 겸자를 이용해 박지 않은 부분(창구멍)으로 뒤집어줍니다. 작으니까 조금씩 뒤집어주세요.

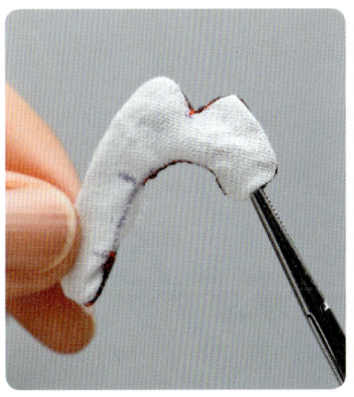

**6** 끝까지 겸자로 조심히 꺼내고, 창구멍으로 송곳을 넣어 각을 잡아줍니다.

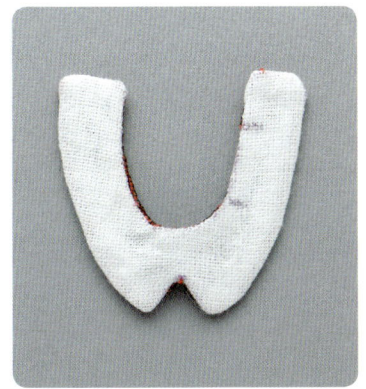

**7** 다림질로 정리 후 창구멍은 접착제로 붙입니다.

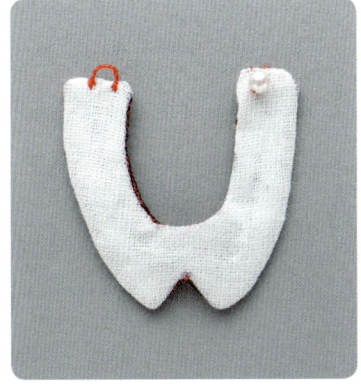

**8** 비즈와 실 루프를 달면 탈착 칼라 완성! 원피스와 함께 코디하면 다른 느낌!

완성!

# 폴라 티

## ITEM.2

### 포인트

이너로도 사용되는 폴라 티는 니트 소재를 추천. 면 니트, 리브 니트, 스무드 니트 등 여러 가지가 있습니다. 늘어나기 쉬운 니트 소재 등 바느질이 어려운 것을 박을 때는 종이를 깔고 하면 좋아요!

앞

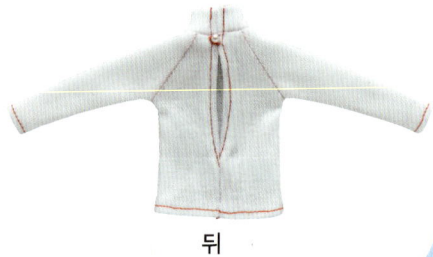

뒤

## 필요한 재료

● **20cm 인형**
니트 원단(면 니트나 스무드 니트) ·········· 17cm×16cm
뒤여밈용 3mm 펄 비즈 ······················ 1개

● **22cm 인형**
니트 원단(면 니트나 스무드 니트) ·········· 13cm×27cm
뒤여밈용 3mm 펄 비즈 ······················ 1개

● **27cm 인형**
니트 원단(면 니트나 스무드 니트) ·········· 21cm×19cm
뒤여밈용 3mm 펄 비즈 ······················ 1개

**패턴은 P.96~**

※ 니트와 같은 원단은 종류에 따라 늘어나는 정도가 다르기 때문에
   완성 사이즈가 다를 수 있습니다.

# 폴라 티 만드는 법

## ITEM.2

우선은 소매부터

다리미로 접착!

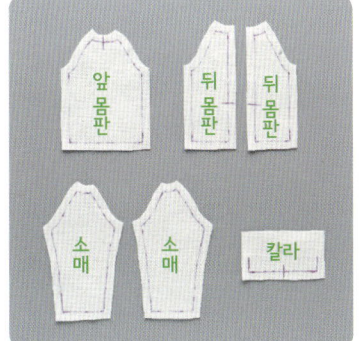
앞 몸판　뒤 몸판　뒤 몸판　소매　소매　칼라

**1** 패턴을 재단합니다. 중심 표시도 해두세요.

**2** 접착제를 소매단의 시접에 바릅니다. 아주 조금씩 바르는 게 팁.

**3** 송곳, 이쑤시개 등으로 접착제를 골고루 펴고, 완성선에 맞춰 접어 접착. 양쪽 소매 동일하게! 접착제는 열을 가하면 빨리 마르니, 접착 부분을 다림질합니다.

**4** 재봉질 할 방향과 종이가 찢어지는 방향을 맞춰서 종이를 깝니다. 복사용지 같은 것도 괜찮아요. 인형옷은 조각들이 작아 가정용 재봉틀 사용 시 바늘구멍에 걸리거나 하여 박기 힘든 경우가 있으니, 종이를 까는 것을 추천합니다.

**5** 먼저 접착제로 고정해둔 소매입구 부분을 재봉질합니다.

**6** 같이 재봉한 종이를 벗겨냅니다.

## 몸판과 소매를 붙여요!

뒤 몸판　뒤 몸판　소매　소매　앞 몸판

**7** 사진처럼 패턴들의 표시 부분을 맞춰, 입체적으로 만들어요.

안

**8** 우선 소매와 앞 몸판을 겉면끼리 마주 보게 겹치고, 재봉하기 위해 시침핀으로 고정합니다.

**9** 소매와 앞 몸판을 박습니다.

겉은 이런 모습!

**10** 소매와 앞 몸판을 꿰맨 상태.

**11** 8~9와 같은 방법으로 소매와 뒤 몸판도 박아서 이어줍니다.

**12** 다리미로 눌러 시접을 가릅니다.

칼라와 몸판을 이어줘요!

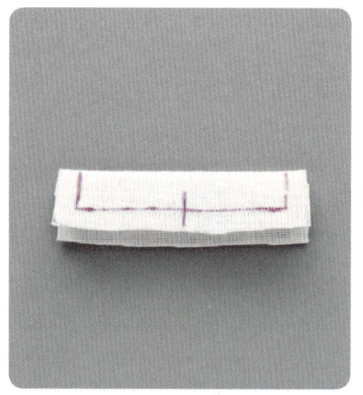

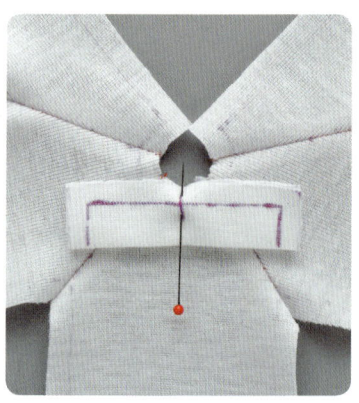

**13** 칼라를 반으로 접고 다림질합니다.

**14** 앞 몸판 중심과 칼라의 중심을 맞춰주세요.

**15** 앞 몸판 중심과 칼라의 중심을 동시에 시침핀으로 고정합니다.

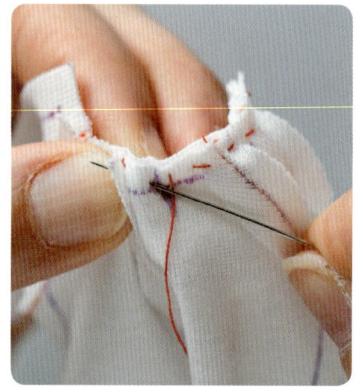

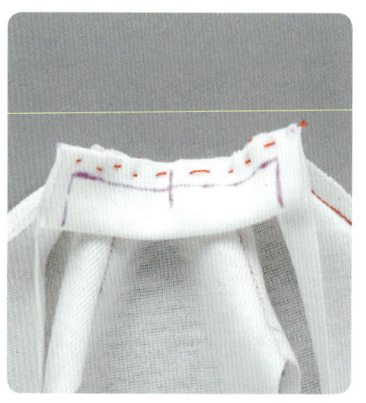

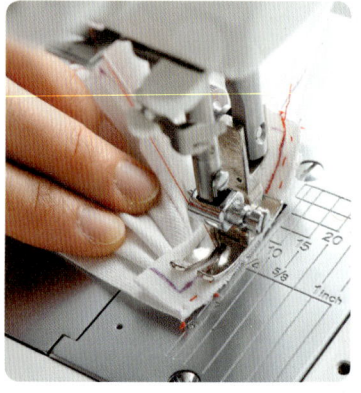

**16** 바로 재봉질을 하면 천이 어긋나기 쉬우니, 칼라와 앞 몸판의 목둘레에 시침질을 해둡니다.

**17** 완성선의 조금 위를 시침질했습니다. 임시로 고정하는 거라 엉망이라도 괜찮아요.

**18** 다음으로 완성선을 재봉틀로 박아주세요.

겉은 이런 모습!

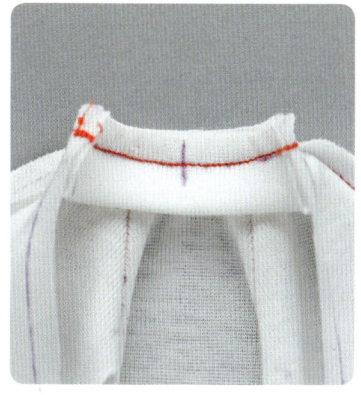

**19** 다 박았으면 시침실은 잘라내도 됩니다.

**20** 칼라 부분의 한 장만 시접을 가르고 다림질합니다. 겉면을 보면 하이넥 칼라가 완성되었어요!

**21** 뒤 중심의 트임 끝 위치까지 소매 때와 마찬가지로 시접에 접착제를 바릅니다.

**22** 접착제를 바른 부분을 박습니다.

**23** 소매에서 옆선을 겉면끼리 마주 보게 겹쳐서 박습니다. 소매 입구, 옆선, 밑단을 시침핀으로 고정합니다.

**24** 고정한 부분을 재봉틀로 박습니다. 반대편도 똑같이.

형태가 보이기 시작했어요!

**25** 시접에 가위집을 냅니다. 이렇게 하면 겉으로 뒤집었을 때 옆구리가 당기는 것을 방지할 수 있어요.

원! 투!

**26** 수예용 겸자로 소매 입구를 집어 겉으로 뒤집습니다.

**27** 다리미로 눌러 옆선 시접을 가릅니다.

**28** 밑단에 접착제를 바르고, 완성선에 맞춰 접어 접착한 후 다림질합니다.

**29** 접착제 바른 부분을 재봉틀로 박습니다.

**30** 뒤 중심을 겉면끼리 마주 보게 겹쳐서, 트임 끝 위치와 밑단을 시침핀으로 고정합니다.

**31** 밑단에서 트임 끝 위치까지 이어 박습니다.

**32** 시접을 다리미로 눌러 가릅니다.

**33** 겉으로 뒤집습니다. 빙그르르!

완성!

**34** 겉으로 뒤집어서 전체적으로 다림질을 하고 정리한 후 실 루프와 비즈(P.30 참고)를 뒤 몸판에 답니다.

완성!

이거저거 받쳐 입기 좋아요!

## COLUMN
# 인형옷 만들기 포인트

**취급 쉬움**

♥ **코듀로이**
· 코트
· 멜빵 스커트

♥ **플란넬**
· 코트

♥ **데님(8온스)**
· 와이드 팬츠

♥ **코튼버버리**
· 멜빵 스커트
· 와이드 팬츠

♥ **면 벨벳**
· 블라우스
· 원피스
· 베이비 돌 원피스
· 쇼트 팬츠

♥ **면 새틴**
· 블라우스
· 원피스

♥ **덩거리**
· 와이드 팬츠

(덩거리, 데님의 일종. 올이 굵은 두꺼운 능직의 코튼지를 말함-옮긴이)

♥ **면 니트**
· 베이비 돌 원피스

### 원단 고르기

주된 옷감의 종류와 이 책으로 만들 수 있는 아이템에 어울리는 옷감을 소개합니다.

♥ **마이크로 양피**
· 코트(깃 부분)

♥ **스무드 니트**
· 가운
· 쇼트 팬츠
· 폴라 티

**두꺼움** ← → **얇음**

♥ **울 거즈**
· 코트

♥ **면 린넨**
· 블라우스

♥ **틸**
· 베이비 돌 원피스

♥ **리브 니트**
· 폴라 티

♥ **새틴**

♥ **시폰**

**취급 어려움**

---

### 시접의 처리

다리미를 사용해 시접을 깨끗하게 정리합니다. 화상 주의!

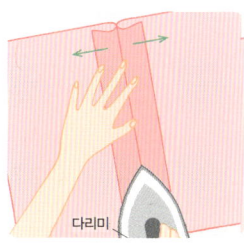

다리미

**시접을 가른다**

시접을 손으로 펼치면서 다림질합니다.

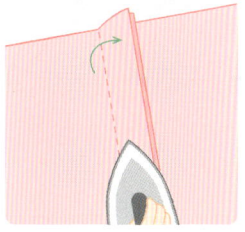

**시접을 눕힌다**

시접을 한쪽으로 눕혀 다림질합니다.

# 와이드 팬츠

레벨

## ITEM.3

포인트

매니시한 와이드 팬츠는 상의를 넣어 입어도 귀여운 하이웨이스트 디자인이 포인트. 바지 중심을 다림질하면 확실한 느낌으로 완성됩니다.
탄력 있는 옷감이 만들기 쉬워요!

## 필요한 재료

● 20cm 인형

조금 탄력이 있는 면 원단 ·················· 12cm×18cm
안단용 얇은 면 원단 ························ 4cm×10cm
장식용 4mm 단추 ·························· 6개
뒤여밈 용 벨크로 ··························· 적당량

● 22cm 인형

조금 탄력이 있는 면 원단 ·················· 13cm×20cm
안단용 얇은 면 원단 ························ 4cm×11cm
장식용 4mm 단추 ·························· 6개
뒤여밈 용 벨크로 ··························· 적당량

● 27cm 인형

조금 탄력이 있는 면 원단 ·················· 20cm×20cm
안단용 얇은 면 원단 ························ 4cm×12cm
장식용 4mm 단추 ·························· 6개
뒤여밈 용 벨크로 ··························· 적당량

패턴은 P.98~

※ 안에 속옷을 입은 상태에서는 착용하기 어려울 수도 있어요.

앞

뒤

# 와이드 팬츠 만드는 법
## ITEM.3

**1** 패턴을 재단합니다.

**2** 팬츠의 밑단에 접착제를 바르고, 완성선에 맞춰 접어 접착한 부분을 박습니다.

**3** 다트를 집듯이 접습니다.

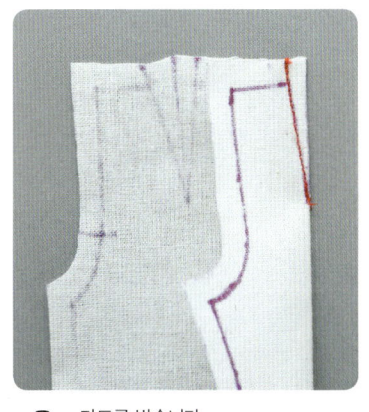

**4** 다트를 박습니다.

**5** 양쪽 다 박은 모습. 조금 입체적으로 보이기 시작했어요!

**6** 다트를 바깥으로 눕혀 다림질합니다.

**7** 앞쪽 다트에 스티치를 넣어요. 다트를 눌러주는 역할과 디자인적인 측면에서 넣습니다. 뒤의 다트에는 넣지 않아요.

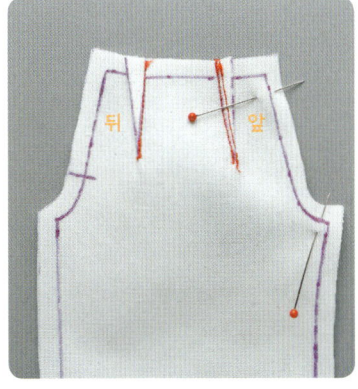

**8** 두 장 모두 다트를 박았다면, 팬츠끼리 앞 중심을 맞춰 겉면을 겹친 후 시침 핀으로 고정하고 박아줍니다.

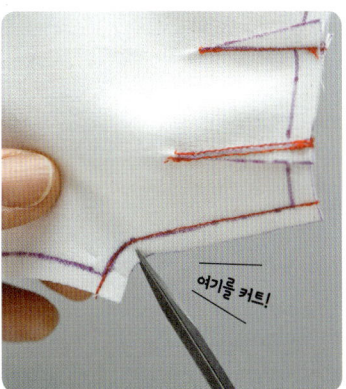

**9** 시접에 가위집을 냅니다. 커브 부분에 넣어요! 다음 차례인 다림질로 가름솔 하기가 매끄럽게 진행됩니다.

안단을 붙여요!

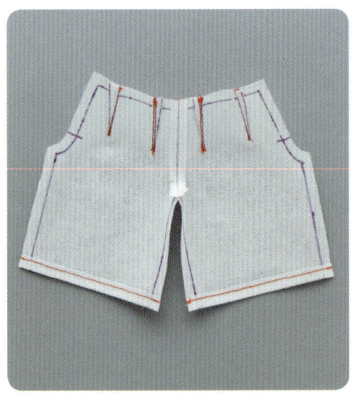

**10** 시접을 다리미로 눌러 가릅니다. 커브 부분은 어려우니 신중히.

**11** 안단을 붙입니다. 허리 부분을 겉면끼리 마주 보게 겹친 후 시침핀으로 고정.

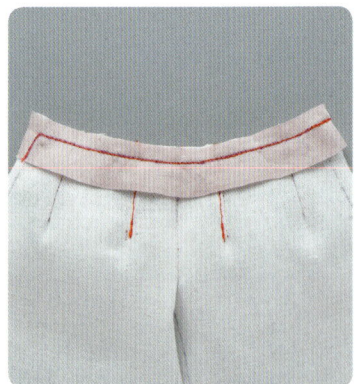

**12** 시침핀으로 고정한 부분을 박습니다. 뒤쪽 여유단 부분이 되는 마지막 부분은 꿰매지 않습니다!

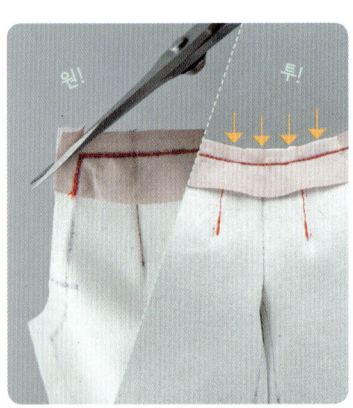

**13** 모서리를 잘라냅니다. 이렇게 하면 깔끔하게 겉으로 뒤집어집니다. 그리고 가위집을 네 군데 정도 내주세요.

모서리를 정리해요!

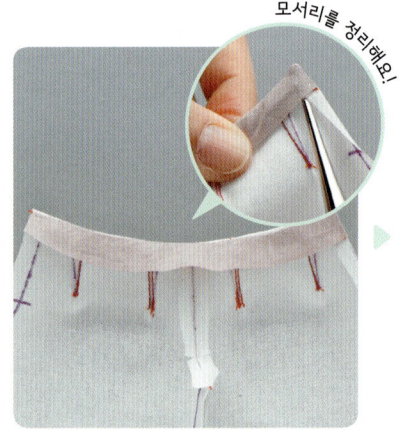

**14** 겉으로 뒤집습니다. 모서리를 송곳 등으로 예쁘게 모양을 내어 다림질로 정리합니다.

**15** 웨이스트 부분에 누름 스티치를 넣습니다.

벨크로를 붙여요!

여기를 박아요!

**16** 뒤 중심의 가랑이 아래부터 트임 끝 위치까지 박습니다.

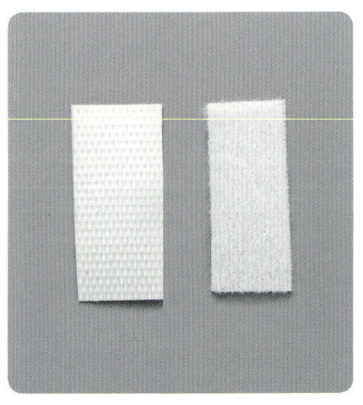

**17** 뒤 중심과 앞 중심을 맞춰서 옆선을 접으면, 서서히 바지 모양이 드러납니다!

**18** 벨크로를 적당히 자릅니다. 인형옷에는 두께가 얇은 벨크로가 잘 맞아요.

**19** 벨크로를 사진처럼 박아 붙입니다.

**20** 바짓가랑이를 시침핀으로 고정합니다.

**21** 시침핀으로 고정한 바짓가랑이를 재봉합니다. 그 후 시접에 가위집을 내주세요.

**22** 겉으로 뒤집어 다림질로 정리합니다.

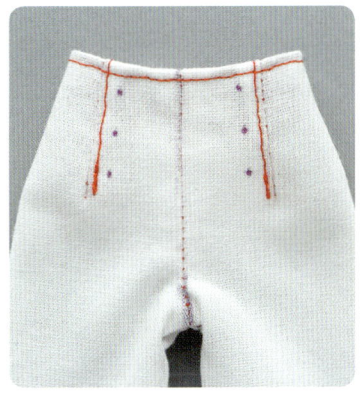

**23** 버튼 달 곳에 표시를 합니다.

**24** 버튼을 달면 와이드 팬츠 완성!

완성!

**다리미로 눌러 중심에 각을 잡아 고급스럽게**

다트 밑 언저리부터 다리미로 눌러서 각을 잡으면 멋지게 완성됩니다. 여러 가지 느낌을 즐겨보세요.

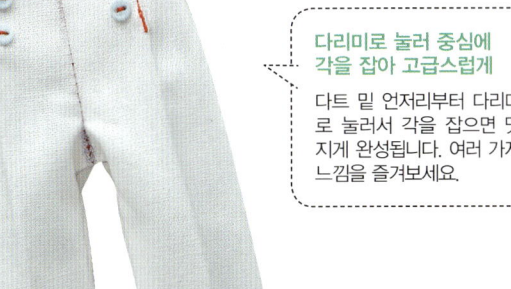

# 멜빵 스커트

## 레벨

### ITEM.4

### 포인트

주머니가 포인트인 멜빵 달린 스커트. 하트 모양
주머니는 코듀로이처럼 조금 두께가 있는 기모 원
단이 바느질하기 쉽습니다. 다양한 변화를 주기에
수월해 스타일링의 폭이 넓어지는 아이템!

## 필요한 재료

● 20cm 인형
탄력이 있는 원단(너무 얇지 않은 것) ········· 12cm×22cm
앞 폭 장식용 5mm 단추 ····················· 4개
포켓 장식용 4mm 단추 ····················· 2개
뒤여밈 용 벨크로 ···························· 적당량

● 22cm 인형
탄력이 있는 원단(너무 얇지 않은 것) ········ 14cm×22cm
앞 폭 장식용 5mm 단추 ····················· 4개
포켓 장식용 4mm 단추 ····················· 2개
뒤여밈 용 벨크로 ···························· 적당량

● 27cm 인형
탄력이 있는 원단(너무 얇지 않은 것) ········ 14cm×24cm
앞 폭 장식용 5mm 단추 ····················· 4개
포켓 장식용 4mm 단추 ····················· 2개
뒤여밈 용 벨크로 ···························· 적당량

패턴은 P.100~

앞

뒤

# 멜빵 스커트

## ITEM.4

우선 포켓을 만들어요!

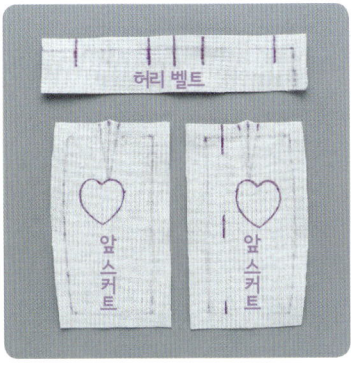

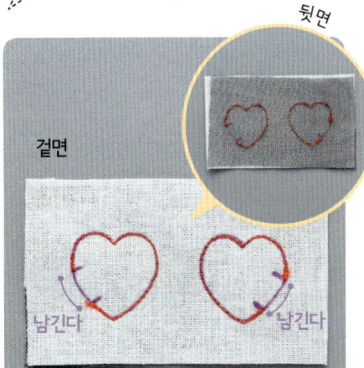

뒷면

겉면

남긴다    남긴다

**1** 패턴을 재단합니다. 하트 형태의 포켓 패턴은 적당한 크기로 자른 옷감에 대고 그립니다.

**2** 스커트와 허리벨트 겉면에 포켓 위치 등을 표시해둡니다.

**3** 포켓부터 만듭니다. 안단과 겉면끼리 마주보게 겹치고 완성선을 따라 재봉합니다. 창구멍(표시와 표시 사이)은 박지 않고 남깁니다. 하트 모양은 박기 힘들지만, 힘내세요!

포켓 완성!

주변에 가위집

모서리 커트

**4** 재봉선을 따라 주변을 약 3mm 정도 남기고 자릅니다.

**5** 시접에 가위집을 내줍니다.

**6** 수예용 겸자로 집어 겉으로 뒤집습니다. 조금씩 뒤집어주세요. 어느 정도 뒤집었으면 송곳으로 모양을 잡고, 창구멍의 시접을 안으로 집어넣습니다. 다림질하여 모양을 정리하고, 포켓은 잠시 놔두세요.

스커트 부분을 만들어요!

뒤  앞  앞  뒤

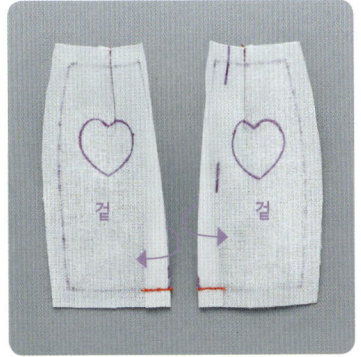

겉  겉

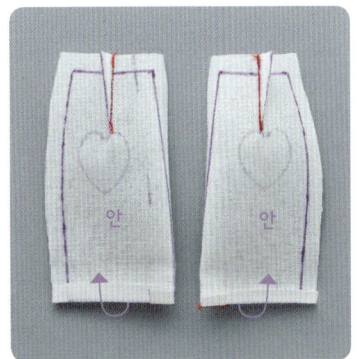

안  안

**7** 앞 스커트, 뒤 스커트의 다트를 모두 꿰매주세요. 시접은 다리미로 눌러 눕힙니다.

**8** 앞 스커트의 앞 여밈 안단을 겉면으로 접고, 밑단의 완성선 위를 박습니다.

**9** 밑단을 접어 다림질합니다.

겉은 이런 모양!

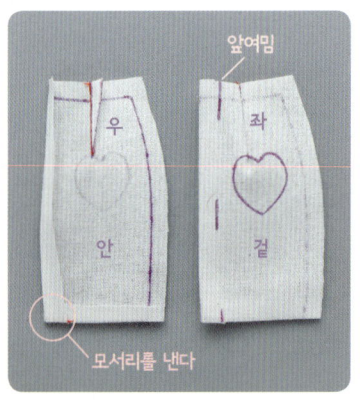

**10** 안단을 뒤집어 송곳으로 모서리를 내줍니다. 왼쪽 앞의 겹치는 부분에 표시를 합니다.

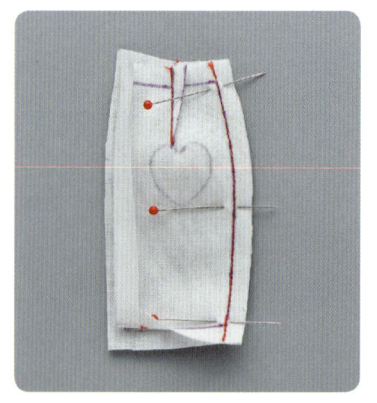

**11** 앞, 뒤 스커트의 옆선을 겉면끼리 마주보게 하고 시침핀으로 고정 후 재봉합니다. ※앞판끼리, 뒤판끼리 박지 않도록 주의!

**12** 시접을 가릅니다. 밑단 앞쪽을 박습니다.

포켓을 달아요!

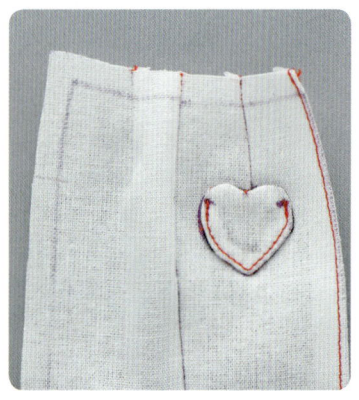

**13** 포켓을 접착제로 임시 고정한 후 꿰맵니다. 접착제는 촘촘하게 다 바르지 말고 밑에 살짝 바르는 정도로만. 다른 쪽도 똑같이 해주세요.

여기를 겹쳐요

**14** 스커트의 앞여밈 부분을 접착제로 가볍게 고정합니다.

**15** 앞여밈 나머지 부분을 시침핀으로 고정합니다.

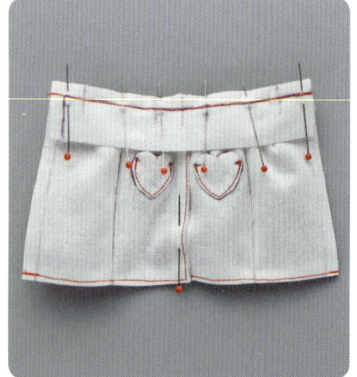

**16** 허리 벨트와 스커트의 허리 부분을 겉면끼리 마주 보게 하고 시침핀으로 고정한 후 박습니다.

**17** 벨트를 세워 다림질합니다.

원!

여기를 본드로

투!

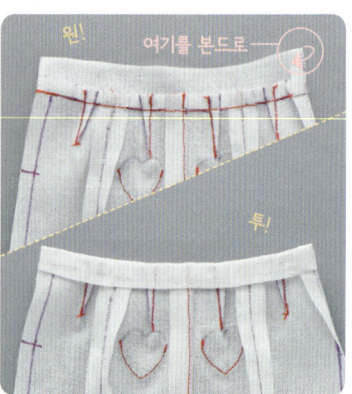

**18** 안쪽으로 돌려 오른쪽 단의 윗부분을 접고 접착제를 바릅니다. 벨트를 반으로 접어 접착제로 가볍게 임시 고정합니다.

## 멜빵을 만듭니다!

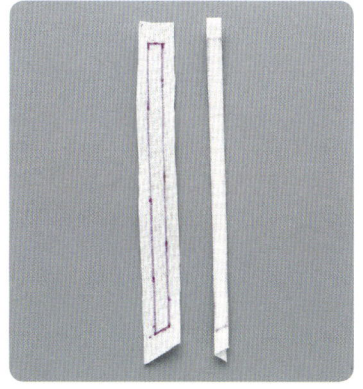

**19** 멜빵을 만들기 시작합니다. 양끝을 접고 접착제로 붙입니다.

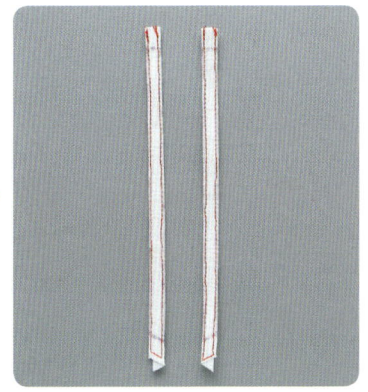

**20** 가장자리를 빙 둘러 바느질합니다.

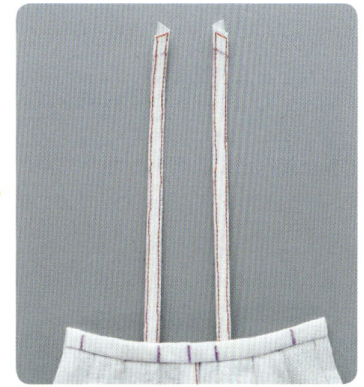

**21** 스커트에 멜빵을 붙입니다. 우선 접착제로 한쪽 끝을 스커트에 붙입니다.

뒤는 이런 모양!

**22** 뒤에 붙일 멜빵은 교차하여 붙입니다.

중심

**23** 허리벨트에 스티치를 넣음과 동시에 멜빵도 같이 꿰맵니다. 허리 벨트의 중심 부분에도!

**24** 시침핀으로 고정해둔 앞 스커트의 중심에 버튼을 달아줍니다. 포켓에도 버튼을 장식으로 달아주세요.

**25** 뒤 중심의 밑단에서 트임 끝 위치까지 겉면끼리 마주 보게 하고 재봉합니다.

암  수

**26** 벨크로를 달고 겉으로 뒤집은 후 다림질로 모양을 정리하면 완성.

# FINISH!

완성!

# 룸 웨어 세트

레벨

## ITEM.5

가운

쇼트
팬츠

베이비 돌
원피스

앞    뒤

### 포인트

여기저기 걸쳐 입기 좋은 가운, 베이비 돌 원피스,
쇼트 팬츠, 이렇게 3점이 룸 웨어 세트. 니트 등의
소재로 만들면 편안한 느낌이 연출되지요.

## 필요한 재료

### ●20cm 인형 용

**·가운**
니트 원단(스무드 니트 등 너무 얇지 않은 것) ········ 23cm×18cm
안단용 튈 원단 ···································· 11cm×6cm
5mm 단추 ········································· 2개

**·베이비 돌 원피스**
몸판용 원단(면 원단, 니트 등)··············· 9cm×10cm
몸판 안단용 튈 원단 ························· 9cm×10cm
스커트용 원단(면 원단, 튈 등)··············· 5cm×17cm 각 1장
뒤여밈용 3mm 펄 비즈 ···················· 2개
장식용 새틴 리본 ···························· 적당량

**·쇼트팬츠**
면 원단, 니트 등 ···························· 12cm×9cm
뒤여밈용 벨크로 ···························· 적당량

### ●22cm 인형 용

**·가운**
니트 원단(스무드 니트 등 너무 얇지 않은 것) ······ 24cm×30cm
안단용 튈 원단 ····························· 12cm×7cm
5mm 단추 ································· 2개

**·베이비 돌 원피스**
몸판용 원단(면 원단, 니트 등) ··············· 10cm×12cm
몸판 안단용 튈 원단 ······················· 10cm×12cm
스커트용 원단(면 원단, 튈 등) ··············· 5cm×20cm 각 1장
뒤여밈용 3mm 펄 비즈 ···················· 2개
장식용 새틴 리본 ·························· 적당량

**·쇼트팬츠**
면 원단, 니트 등 ··························· 12cm×9cm
뒤여밈용 벨크로 ··························· 적당량

### ●27cm 인형 용

**·가운**
니트 원단(스무드 니트 등 너무 얇지 않은 것) ······ 24cm×31cm
안단용 튈 원단 ····························· 13cm×8cm
5mm 단추 ································· 2개

**·베이비 돌 원피스**
몸판용 원단(면 원단, 니트 등) ··············· 10cm×12cm
몸판 안단용 튈 원단 ······················· 10cm×12cm
스커트용 원단(면 원단, 튈 등) ··············· 6cm×20cm 각 1장
뒤여밈용 3mm 펄 비즈 ···················· 2개
장식용 새틴 리본 ·························· 적당량

**·쇼트팬츠**
면 원단, 니트 등 ··························· 12cm×10cm
뒤여밈용 벨크로 ··························· 적당량

### ●공용

**·양말 ★패턴만**
니트 원단(면 니트 등) ······················ 9cm×10cm

패턴은 P.102~

※ 니트 등 늘어나는 원단은 원단에 따라 신축성이 다르기 때문에 완
　 성 사이즈가 다를 수 있습니다.
※ 안에 속옷을 입은 상태에서는 착용하기 어려울 수도 있어요.

# 룸 웨어 세트 만드는 법

## ITEM.5

**먼저, 가운부터!**

**후드를 만들어요!**

**1** 패턴을 재단합니다. 뒷면에 표시를 해
둡니다.

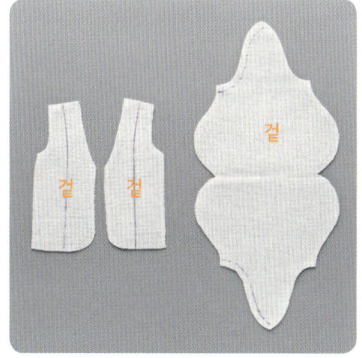

**2** 앞 몸판 안단을 누를 스티치 표시와
후드 부분에 통솔할 표시를 넣습니다.
제작 과정 중 뒷면에 표시를 하면 안
보이게 되는 경우가 있으니, 스티치와
후드 겉면에 표시합니다.

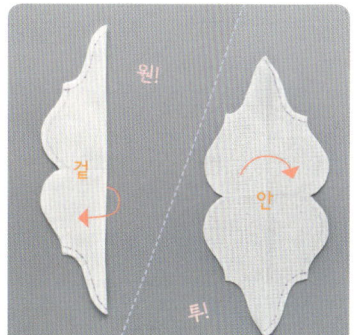

**3** 후드를 반으로 접어 다림질하고 접는
선을 잡은 다음 폅니다.

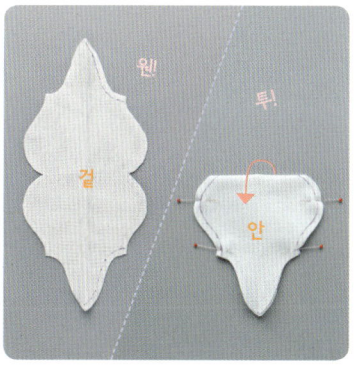

**4** 그리고 다시 가로로 반으로 접습니다.
표시에 맞춰 시침핀으로 고정.

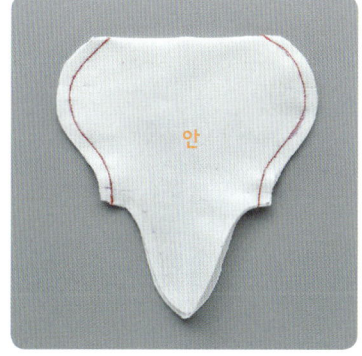

**5** 시침핀으로 고정한 부분을 박습니다.

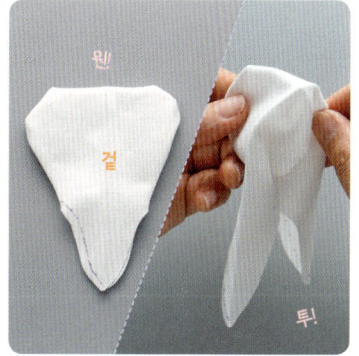

**6** 시접을 다리미로 눌러 가르고, 겉으로
뒤집습니다.

**가운의 몸판을 꿰맬 거예요!**

**7** 3에서 잡아 놓은 선을 따라 당겨 정리
하면 점점 후드 모양이!

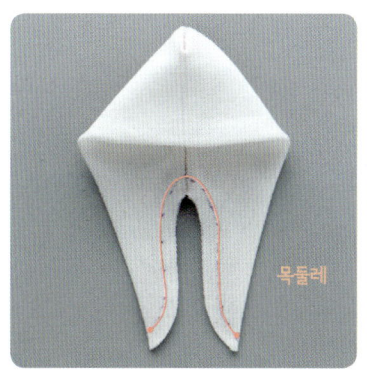

**8** 목둘레 시접을 접착제로 고정합니다.
후드는 조금 후에 다시 등장합니다.

**9** 뒤 몸판과 앞 몸판의 어깨부분을 겉면
끼리 마주 보게 한 후 박습니다.

핀 3개로!

**10** 시접을 다리미로 눌러 가릅니다.

**11** 소매 중심선과 어깨 중심선을 맞춰 겉면끼리 마주 보게 하고 시침핀으로 고정.

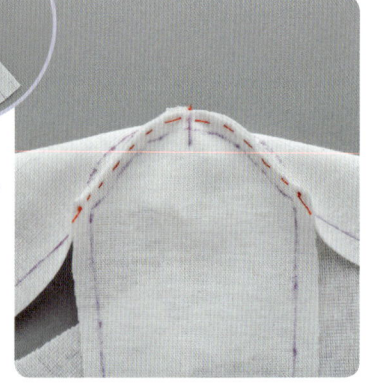

**12** 소매와 어깨의 시접을 시침질합니다. 커브는 시침질을 하지 않으면 상당히 박기 힘듭니다. 시침질 필수!

**13** 꿰맵니다. 커브는 천천히, 조금씩 각도를 틀어가며 신중히. 어려운 커브를 예쁘게 박는 팁이에요.

**14** 양쪽 소매를 다 달았으면 시침실을 제거합니다.

**15** 시접을 소매 쪽으로 눕히고 다림질합니다.

후드랑 몸판을 붙여요!

**16** 소매 입구를 접착제로 임시 고정하고, 그 위를 박습니다.

**17** 후드가 여기서 다시 등장. 뒤 몸판의 중심과 후드의 중심을 맞춰서 시침핀으로 고정합니다.

**18** 후드의 목둘레와 앞 몸판의 시접을 접착제로 붙입니다. 접착제가 시접 안쪽으로 들어가지 않도록.

**19** 앞 몸판에 안단을 덧대어 시침질합니다.

**20** 밑단~ 목둘레~ 밑단까지 단번에 박습니다. 시침실을 제거하고, 목둘레의 시접, 밑단의 커브에 가위집을 냅니다.

**21** 커브는 삼각으로 잘라냅니다. 뒤집어서 다림질로 정리합니다.

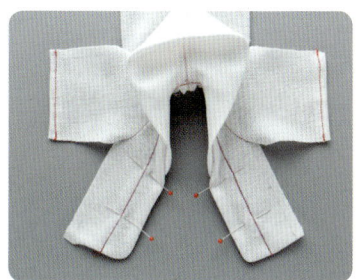

**22** 안단을 시침핀으로 고정, 겉면에 표시해둔 스티치 라인을 따라 박아서 안단을 누릅니다.

**23** 옆선을 박아줍니다. 반대편도 똑같이! 옆선과 소매 밑 두 군데에 가위집을 냅니다. 반대편도 똑같이.

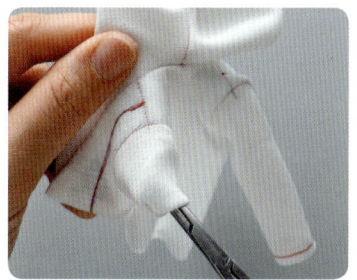

**24** 수예용 겸자를 사용해 뒤집습니다.

**25** 다리미로 눌러 시접을 가릅니다.

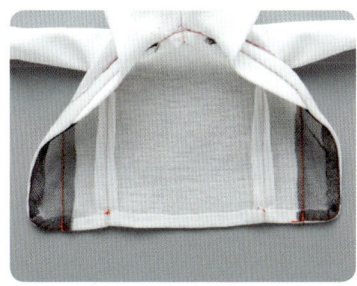

**26** 밑단 시접에 접착제를 바르고, 완성선에 맞춰 접어 접착합니다.

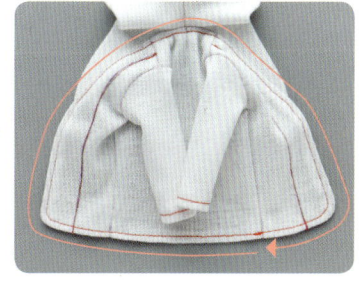

**27** 빙 둘러 가장자리에 스티치를 넣습니다.

**28** 다림질로 모양을 정리합니다.

**29** 버튼을 달면 완성.

완성!

다음은 베이비 돌 원피스!

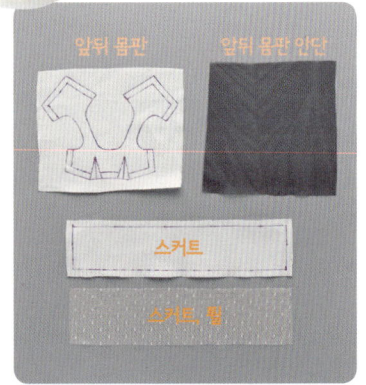

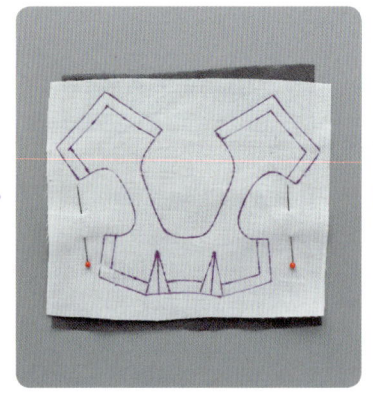

안은 이런 느낌!

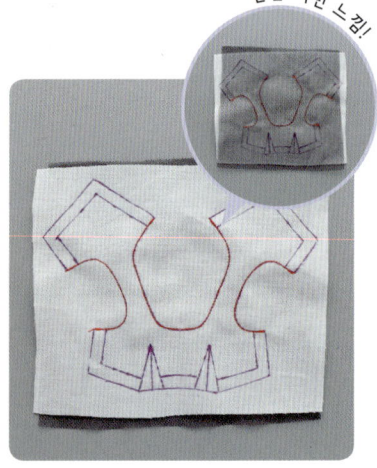

**30** 베이비 돌 원피스의 몸판은 재단하지 말고 적당히 자른 옷감에 패턴을 그립니다.

**31** 안단과 몸판을 겉면끼리 마주 보게 하고 시침핀으로 고정합니다.

**32** 목둘레와 진동둘레의 완성선을 따라 박습니다.

겉은 이런 느낌!

스커트의 주름을 잡아요

**33** 패턴의 선을 따라 안단을 잘라줍니다. 목둘레와 진동둘레는 선에서 약 3mm 정도 남기고 커트. 자른 옷감의 절단면에 올풀림 방지액을 바릅니다.

**34** 올풀림 방지액이 마를 동안 다른 작업을 합니다. 스커트 부분의 밑단을 완성선에 맞춰 접어서 박습니다.

**35** 스커트에 틀을 겹치고 주름잡기용 스티치를 넣습니다. 스티치는 완성선 위로 하나, 밑으로 하나, 총 두 곳에 넣습니다. 박기 전 윗실과 밑실을 길게 남기고, 바늘땀을 크게 설정하여 박습니다.

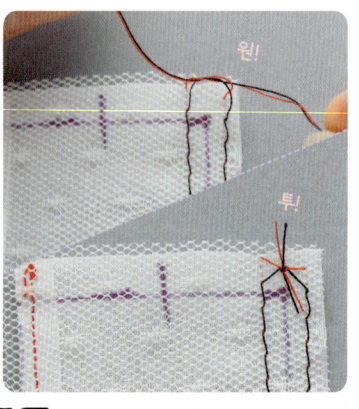

**36** 밑실(검정 실)을 잡아당깁니다. 그렇게 하면 윗실(빨간 실)이 빠져나와요.

**37** 밑실과 윗실을 3회 정도 묶어주세요.

**38** 반대편도 똑같이 밑실(검정 실)을 잡아당기고 윗실(빨간 실)을 빼내세요. 이번엔 묶지 않습니다.

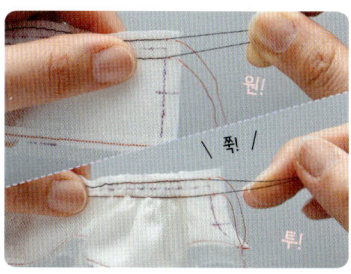

**39** 밑실(검정 실)만 잡아당깁니다. ※도중에 윗실(빨간 실)을 당겨버리면 실이 걸려서 더 이상 당겨지지 않으니 주의!

**40** 당겨지지 않을 때까지 당깁니다. 그렇다고 너무 세게 당기면 실이 끊어질 수 있으니 주의하세요.

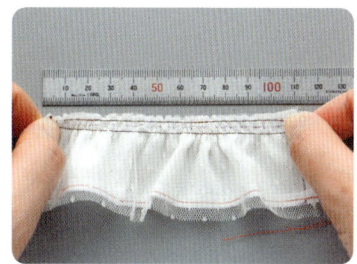

**41** 허리길이에 맞춰 주름을 펴고 길이를 조절합니다.

몸판으로 돌아갑니다!

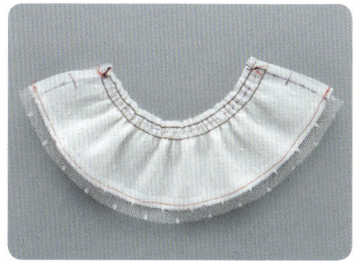

**42** 주름 조절 후 매듭을 집니다. 주름이 균등하게 잡히도록 예쁘게 폅니다. 스커트 부분은 잠시 휴식.

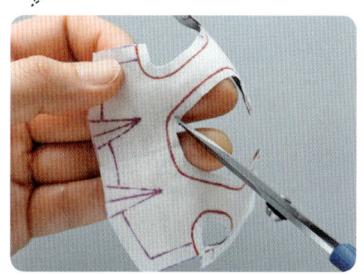

**43** 슬슬 시접에 발라둔 올풀림 방지액이 말라가니, 다시 몸판으로. 목둘레, 진동둘레에 가위집을 냅니다.

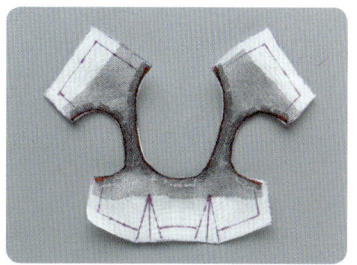

**44** 가위집을 낸 후 겸자로 집어서 겉으로 뒤집습니다. 다림질을 해 정리합니다.

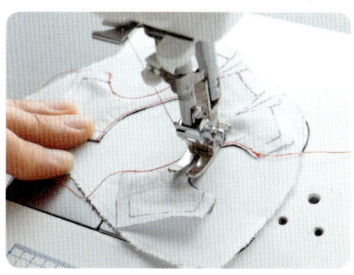

**45** 가장자리에 스티치를 넣습니다. 35에서, 주름을 넣기 위해 재봉틀의 바늘땀을 크게 설정한 걸 원래대로 되돌리는 것 잊지 마세요! 가장자리에 스티치를 넣을 때 종이를 받치면 조금 더 수월합니다.

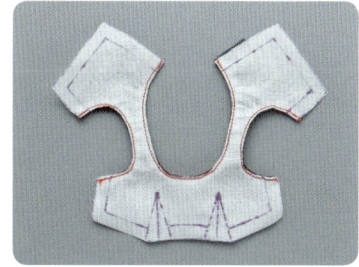

**46** 스티치를 넣었습니다!

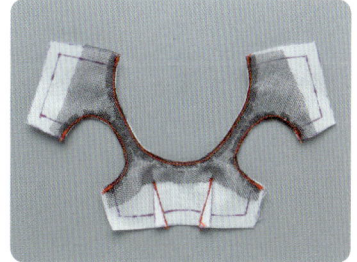

**47** 다트를 꿰맨 후 다리미로 눌러 눕힙니다.

몸판과 스커트를 연결합니다!

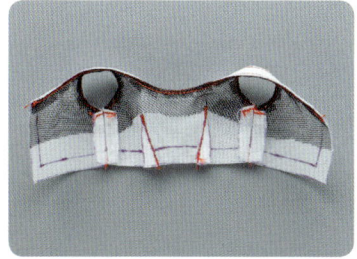

**48** 옆선을 겉면끼리 마주 보게 하고 꿰맵니다.

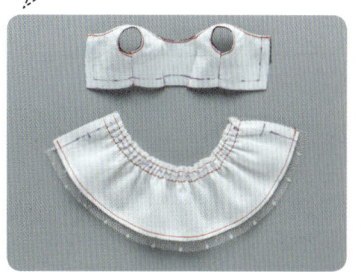

**49** 양 옆을 꿰매고, 시접을 가릅니다.

**50** 몸판과 스커트 부분을 연결합니다. 점점 베이비 돌 드레스의 형체를 띠어가네요!

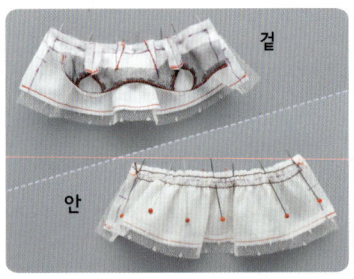

**51** 몸판의 밑단과 스커트의 허리 부분을 겉면끼리 마주 보게 겹치고 시침핀으로 고정합니다.

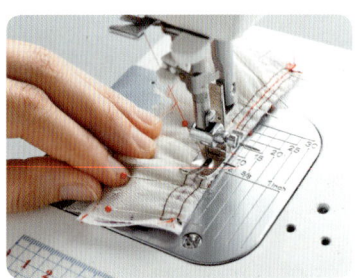

**52** 박아서 연결합니다. 주름이 움직이지 않게 주의하면서 박아주세요.

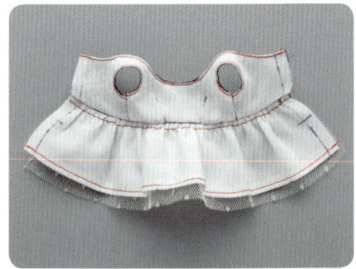

**53** 시접을 몸판으로 눕히고 다림질합니다. 겉면에 나와 있는 주름용 스티치는 제거하세요.

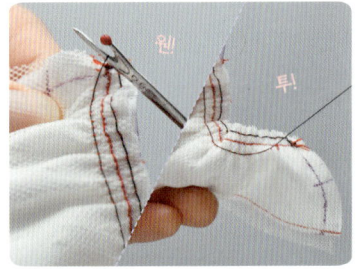

**54** 주름용 스티치를 제거할 때 밑실을 자르면 간단히 없앨 수 있어요.

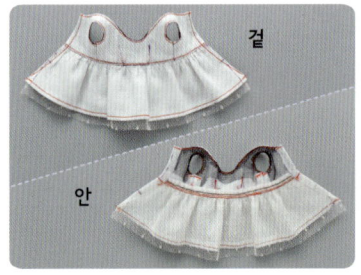

**55** 허리를 스티치로 누르고, 뒤 중심을 트임 끝 위치까지 접어 스티치를 넣습니다.

**56** 뒤 중심을 겉면끼리 마주 보게 겹치고 밑단에서 트임 끝 위치까지 박습니다.

**57** 시접을 가르고 겉으로 뒤집습니다.

**58** 뒤 몸판에 실 루프와 비즈를 달면 '완성. 취향대로 장식용 리본을 달아주세요. 리본의 끝에는 올풀림 방지액을 바릅니다.

**FINISH!**

재봉틀로 척척!

마지막으로 쇼트 팬츠!

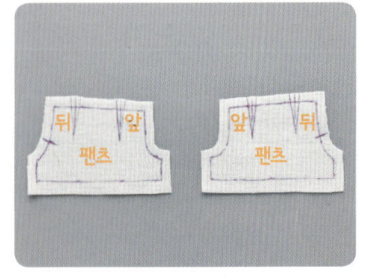

**59** 패턴을 재단합니다.

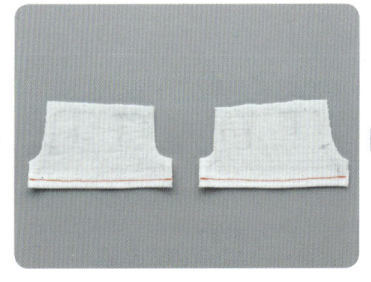

**60** 밑단의 시접에 접착제를 발라, 완성선에 맞춰 접어 접착 후 밑단을 박습니다.

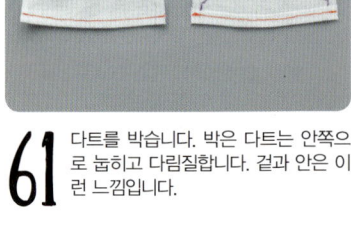

**61** 다트를 박습니다. 박은 다트는 안쪽으로 눕히고 다림질합니다. 겉과 안은 이런 느낌입니다.

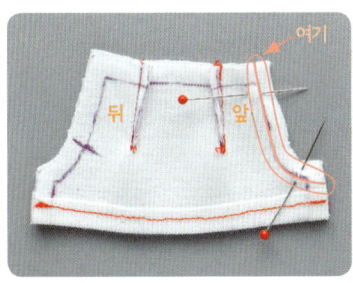

**62** 앞 중심을 맞춰 겉면끼리 마주 보게 하여 박습니다.

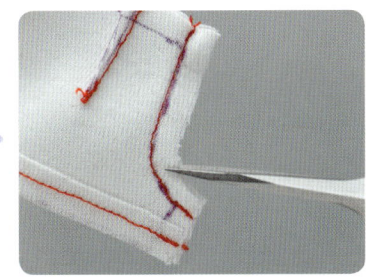

**63** 가위집을 한 군데, 커브에 내줍니다.

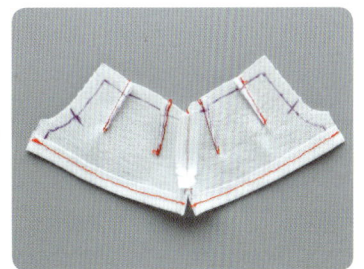

**64** 시접을 다리미로 눌러 가릅니다.

**벨크로를 달아요!**

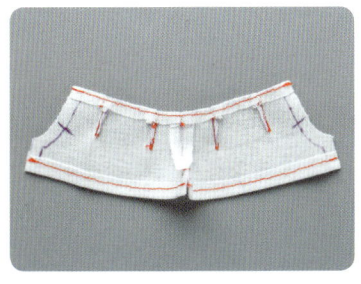

**65** 밑단과 마찬가지로 허리 부분의 시접에 접착제를 발라, 완성선에 맞춰 접어 접착 후 재봉틀로 박습니다.

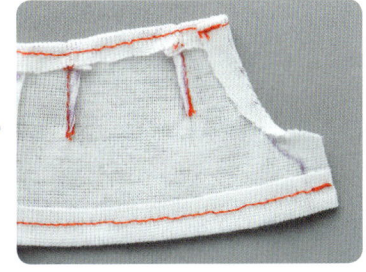

**66** 트임 끝 위치 밑까지 접착제를 바릅니다.

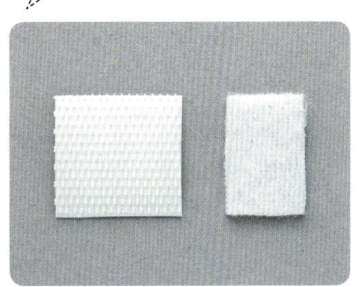

**67** 벨크로를 자릅니다.

**68** 벨크로를 답니다. 벨크로의 네 귀퉁이를 다 꿰매지 않고 두 면만 꿰매도 고정이 됩니다. 이렇게 하면 겉에서 볼 때 깔끔하죠!

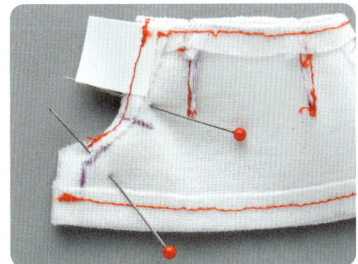

**69** 뒤 중심을 겉면끼리 마주 보게 하여 시침핀으로 고정합니다.

**70** 가랑이에서 트임 끝 위치까지 박고 시접은 다리미로 눌러 가름솔합니다.

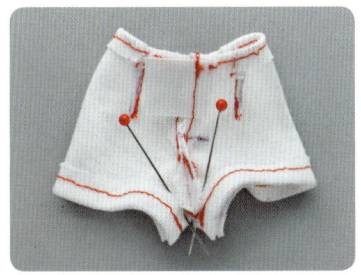

**71** 앞 뒤 가랑이를 겹치고 시침핀으로 고정합니다.

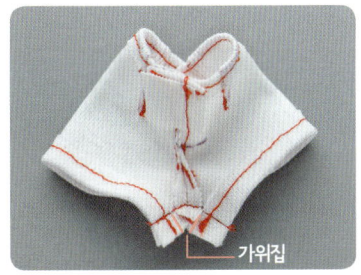

**72** 시침핀으로 고정한 부분의 완성선을 따라 박습니다. 가랑이 부분에 가위집을 두 군데 넣습니다. 겉으로 뒤집어 다리미로 눌러 모양을 잡으면 완성!

**FINISH!**

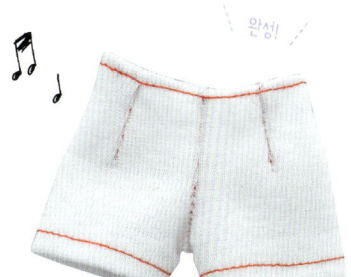

# 블라우스

레벨

## ITEM.6

### 포인트

퍼프소매가 귀여운 뒤여밈 블라우스. 커브가 많아서 박음질이 조금 어려울지도 몰라요. 커브는 천천히, 신중하게 박음질하세요! 면 벨벳이나 면 새틴 등의 소재를 추천합니다. 두툼한 소재는 적당하지 않아요.

## 필요한 재료

●20cm 인형
면 벨벳 정도 두께의 원단 ················· 16cm×18cm
뒤여밈용 3mm 비즈 ····················· 2개

●22cm 인형
면 벨벳 정도 두께의 원단 ················· 14cm×23cm
뒤여밈용 3mm 비즈 ····················· 2개

●27cm 인형
면 벨벳 정도 두께의 원단 ················· 23cm×20cm
뒤여밈용 3mm 비즈 ····················· 2개

패턴은 P.107~

앞

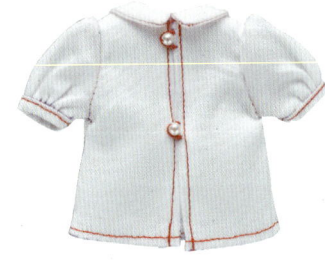

뒤

# 블라우스 만드는 법

## ITEM.6

우선은 칼라부터!

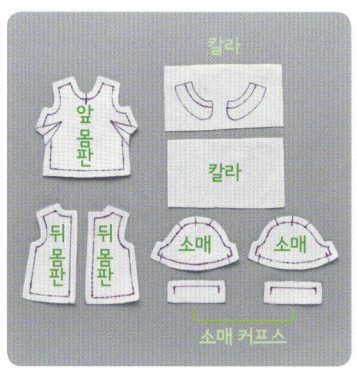

**1** 패턴을 재단합니다. 칼라는 적당히 자른 옷감에 패턴을 그립니다.

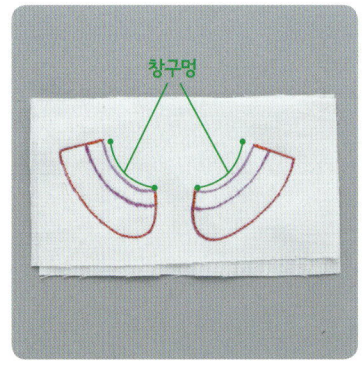

**2** 칼라를 박음질합니다. 칼라용 원단 2매를 겹쳐서 창구멍만 남기고 박아주세요.

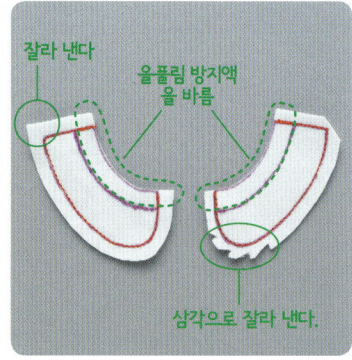

**3** 모서리는 잘라내고 가위집을 넣은 후 창구멍 부분에 올풀림 방지액을 바릅니다.

다음은 몸판!

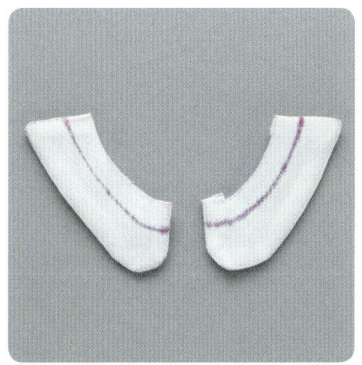

**4** 올풀림 방지액이 마르면 뒤집습니다. 송곳으로 각과 커브를 잘 살려주세요.

**5** 예쁘게 모양을 잡고 다림질합니다.

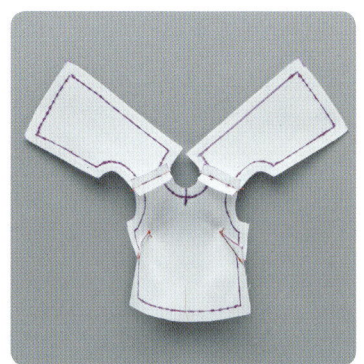

**6** 앞 몸판 다트를 전부 박습니다. 박은 부분을 위로 눕히고 다림질합니다.(20cm 인형의 패턴에는 다트가 없어요.)

칼라를 몸판에 붙여요!

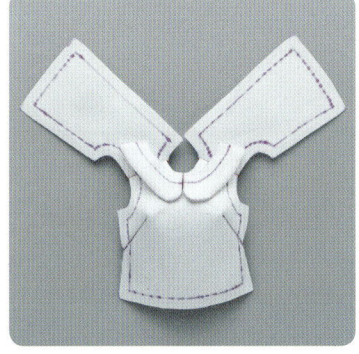

**7** 앞 몸판과 뒤 몸판을 겉면끼리 마주 보게 하고 어깨를 박습니다. 시접은 다리미로 눌러 가릅니다.

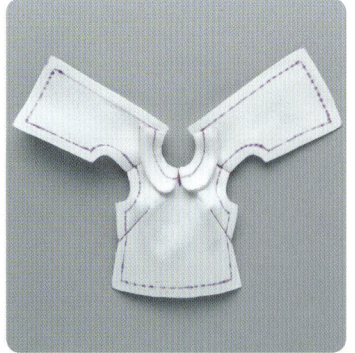

**8** 칼라의 앞부분을 확실히 맞추고, 몸판과 목둘레의 중심을 겹쳐서 접착제로 붙입니다.

**9** 중심을 확실히 접착한 후 뒤 몸판까지 칼라와 목둘레를 잘 맞춰서 붙입니다.

뒤는 이런 느낌!

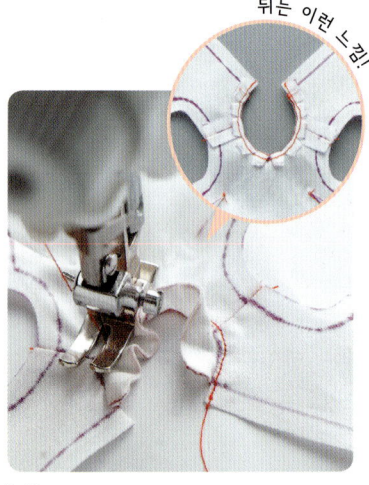

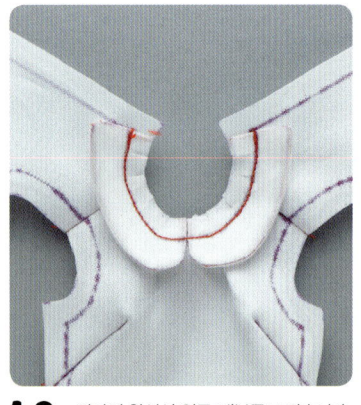

**10** 칼라의 완성선 위를 재봉틀로 박습니다.

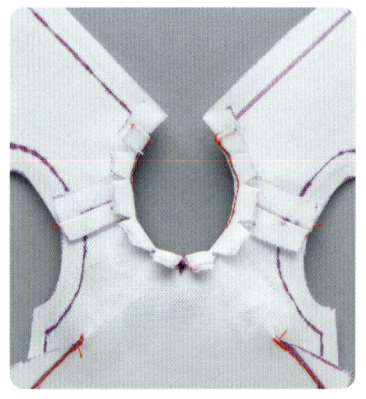

**11** 목둘레 시접에 가위집을 내고 안쪽으로 확실히 눕혀 다림질합니다.

**12** 칼라를 젖혀 넘기듯 하면서 목둘레에 스티치를 넣어 시접을 누릅니다.

소매를 만들어요!

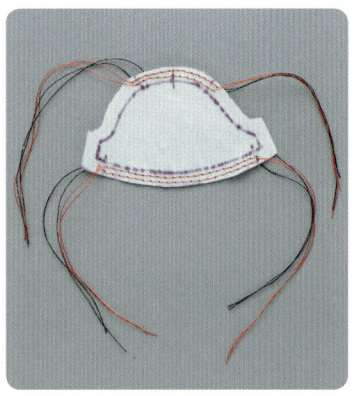

**13** 소매로 갑니다. 위아래 시접에 주름용 스티치를 넣습니다.

**14** 우선 아래쪽만 주름을 잡고, 커프스 길이에 맞춥니다.

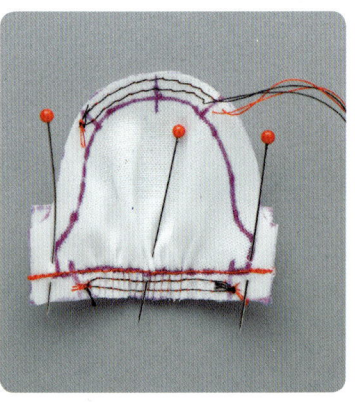

**15** 커프스와 소매 입구를 겉면끼리 마주 보게 하고 시침핀으로 고정 후 박습니다.

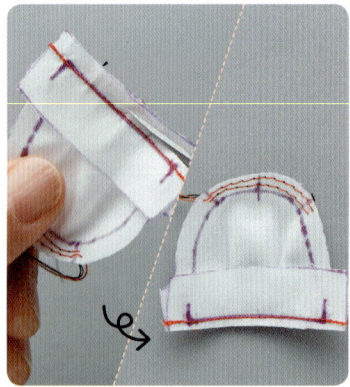

**16** 시접을 반 정도 잘라냅니다.

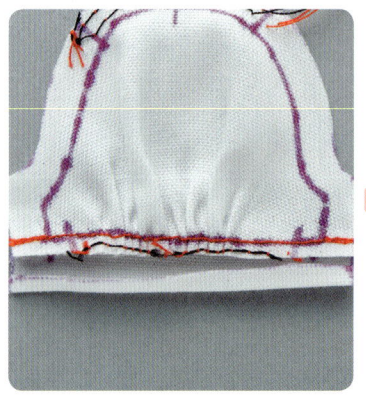

**17** 커프스를 세우고 시접을 반으로 접어서 다림질합니다.

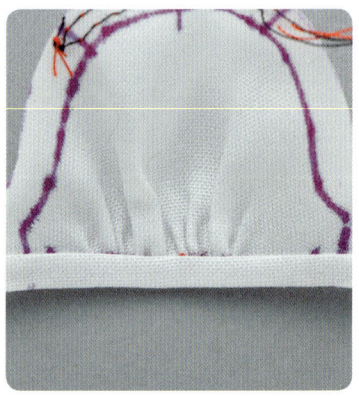

**18** 그걸 또 한 번 반으로 접어 접착제로 붙입니다.

몸판과 소매를 붙입니다!

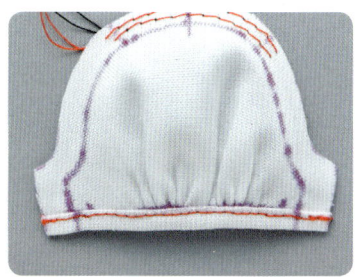

**19** 접착한 부분을 박습니다.

**20** 소매산의 주름을 잡습니다. 주름은 진 동둘레에 맞춰 조절합니다.

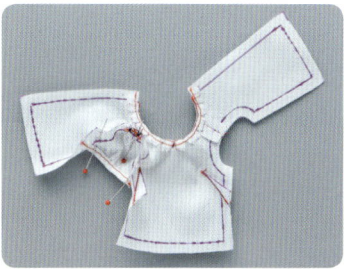

**21** 소매와 몸판을 합체합니다. 겉면끼리 마주 보게 하고 소매 중심과 어깨 중심을 시침핀으로 고정하고 양끝도 시침핀으로 고정합니다.

겉은 이런 느낌!

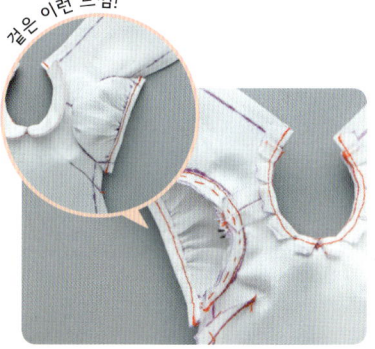

**22** 시침질을 한 후 박습니다.

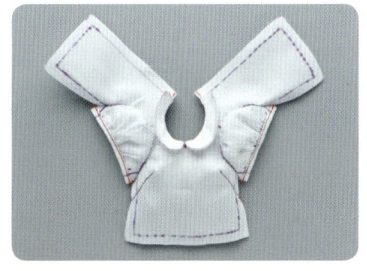

**23** 반대편 소매도 동일하게 붙입니다. 시접은 소매 쪽으로 눕혀주세요.

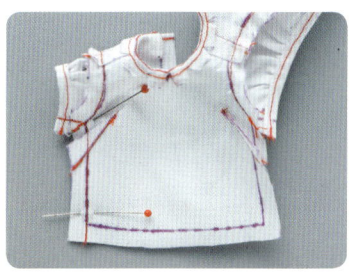

**24** 옆선을 겉면끼리 마주 보게 겹치고 박습니다.

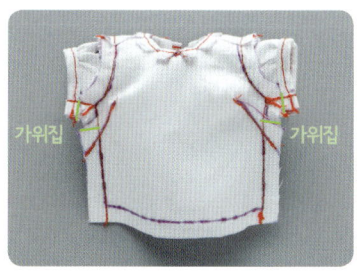

**25** 반대편도 똑같이 한 후 시접에 두 군데 가위집을 냅니다.

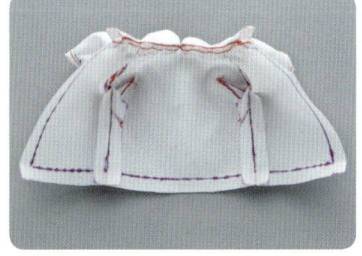

**26** 겉으로 뒤집고 옆선 시접을 다리미로 눌러 갈라줍니다.

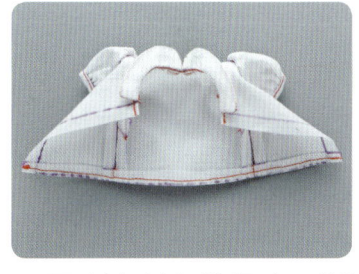

**27** 밑단의 시접에 접착제를 바르고 완성선으로 접어 접착 후 박습니다.

**28** 뒤여밈을 아래까지 다 접어 접착제로 붙입니다.

**29** 접착제로 붙인 뒤여밈을 박습니다.

완성!

**30** 다림질로 정리하고 비즈와 실 루프를 달면 완성.

# 퍼 칼라 코트

레벨

ITEM.7

### 포인트

칼라와 안감이 있는 코트. 안감을 넣기 때문에 이 책에서는 난이도가 높은 편입니다. 옷감은 약간 두께가 있는 것이 좋아요. 안감과 겉감을 혼동하지 마시길!

## 필요한 것

### ● 20cm 인형

| | | |
|---|---|---|
| 얇은 울이나 플란넬 원단 등 | ………… | 15cm×25cm |
| 안감용 얇은 면 원단 | ………………… | 9cm×16cm |
| 칼라용 퍼 원단 | ………………… | 5cm×10cm |
| 합성피혁 테이프 | ………………… | 적당량 |
| 토글 단추(떡볶이 단추) | ………………… | 3개 |

### ● 22cm 인형

| | | |
|---|---|---|
| 얇은 울이나 플란넬 원단 등 | ………… | 16cm×25cm |
| 안감용 얇은 면 원단 | ………………… | 9cm×17cm |
| 칼라용 퍼 원단 | ………………… | 5cm×11cm |
| 합성피혁 테이프 | ………………… | 적당량 |
| 뱅글 | ………………… | 1개 |
| 3mm 비즈 | ………………… | 8개 |
| 스프링 호크(수컷만) | ………………… | 1개 |

### ● 27cm 인형

| | | |
|---|---|---|
| 얇은 울이나 플란넬 원단 등 | ………… | 19cm×28cm |
| 안감용 얇은 면 원단 | ………………… | 10cm×17cm |
| 칼라용 퍼 원단 | ………………… | 5cm×11cm |
| 합성피혁 테이프 | ………………… | 적당량 |
| 뱅글 | ………………… | 2개 |

패턴은 P.109~

앞

뒤

# 퍼 칼라코트 만드는 법

## ITEM.7

**1** 패턴을 재단합니다. 칼라는 겉감만 퍼 소재로 선택해요.

칼라부터 만들어요!

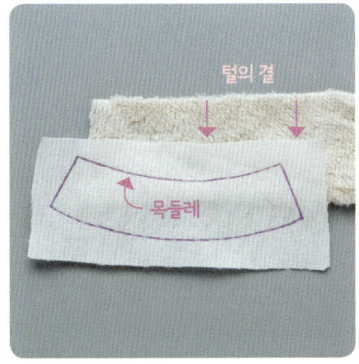

**2** 퍼는 털의 결이 있으니, 목둘레가 아닌 쪽으로 털의 결을 쓸어줍니다.

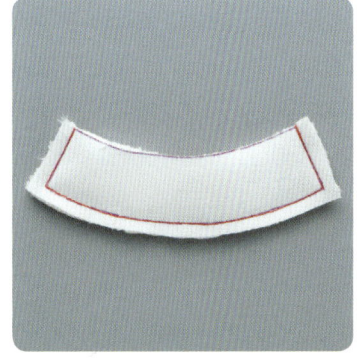

**3** 목둘레만 남기고 완성선을 따라 꿰맵니다. 모피 등 털이 긴 소재와 다른 천을 덧대어 박으면, '나도 모르는 사이에 삐뚤어져서 모피만 박고 있었어!'라는 경우도 많으니 주의!

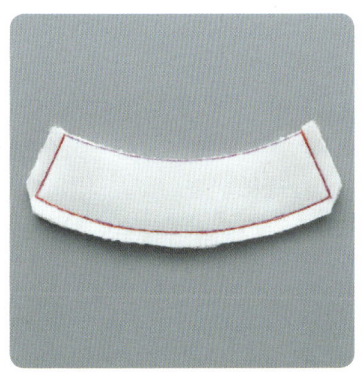

**4** 모서리를 자릅니다. 커브에 가위집을 내고 겉으로 뒤집습니다.

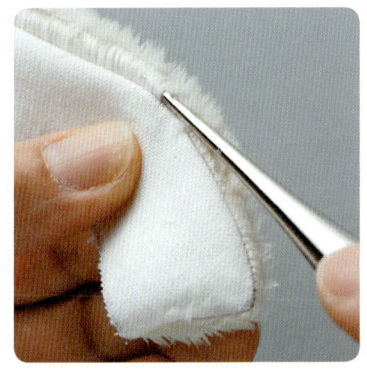

**5** 겉으로 뒤집었으면 송곳으로 각을 잡아주고 바늘땀에 집혀 들어간 털을 끄집어내주세요.

**6** 털을 확실히 꺼냈습니다!

몸판을 재봉해요!

소매를 붙여요!

**7** 목둘레 쪽은 재봉틀로 박아서 막아둡니다. 칼라의 차례는 잠시 뒤. 칼라는 잠깐 놔둡니다.

**8** 어깨를 겉면끼리 마주 보게 해서 박고, 시접을 가릅니다.

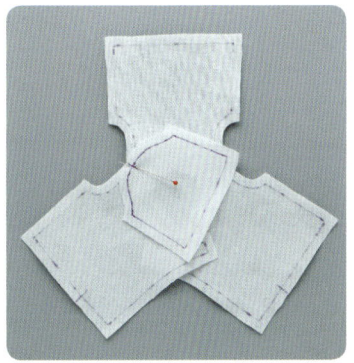

**9** 어깨의 중심선과 소매의 중심선을 맞추고, 시침핀으로 고정합니다.

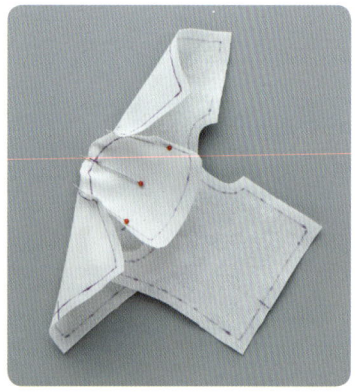

**10** 진동둘레의 커브와 소매산의 커브를 맞추고 양끝을 시침핀으로 고정합니다.

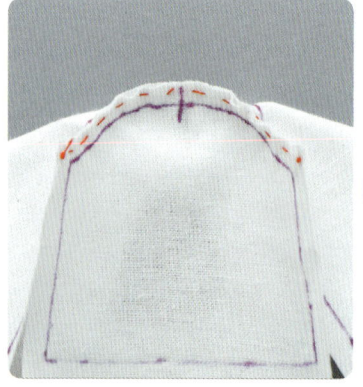

**11** 커브를 박는 것은 어려우니 시침질 후 재봉틀로 박음질합니다.

**12** 방금 시침질한 곳의 완성선을 재봉틀로 박습니다. 커브를 박을 때는 항상 아래 몸판에 주름이 잡히지는 않는지 신경 쓰면서 조금씩 박으면 예쁘게 재봉할 수 있어요.

**칼라를 달아요!**

표시를 한다

**13** 반대편 소매도 똑같이. 소매의 시접은 소매 쪽으로 눕히고 다림질합니다.

**14** 소매 입구를 접착제로 붙인 다음 박습니다. 겉에서 보면 이런 느낌!

**15** 칼라가 여기서 재등장. 칼라를 반으로 접고 퍼 쪽에 중심선을 표시합니다. 칼라의 중심선과 뒤 몸판의 중심선을 맞춰서 시침핀으로 고정합니다.

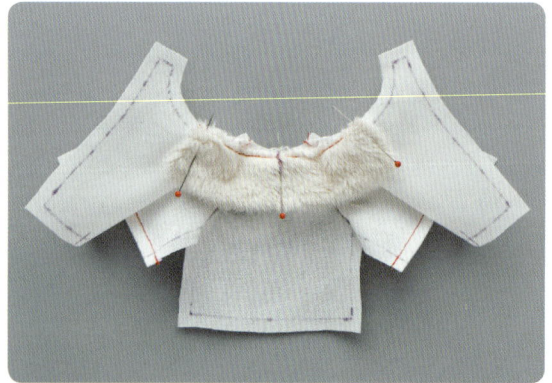

**16** 앞 몸판의 칼라를 달 위치와 칼라의 단을 맞춰서 시침핀으로 고정합니다.

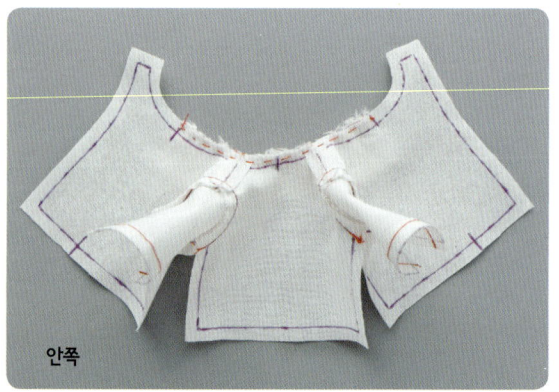

안쪽

**17** 칼라와 몸판의 목둘레를 시침질하여 임시 고정해둡니다.

## 안감을 만들어요!

열어둔다

**18** 이제 안감으로. 안감의 뒤 몸판을 겉면 끼리 마주 보게 겹쳐 가운데 창구멍을 남기고 전부 박아줍니다.

**19** 시접을 다리미로 눌러 가릅니다.

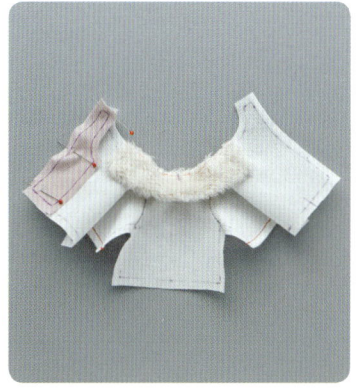

**20** 다음은 앞 몸판의 안감과 앞 몸판을 겉면끼리 마주 보게 겹치고 시침핀으로 고정합니다.

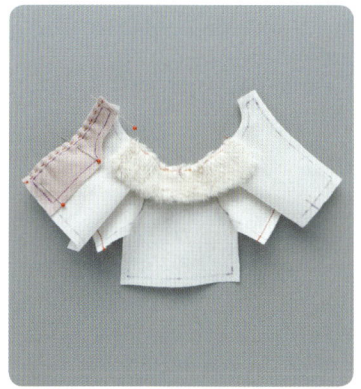

**21** 시침질합니다.

**22** 재봉틀로 박습니다.

**23** 반대편도 동일하게 박아 연결하고, 시접을 안감 쪽으로 눕힌 후 다림질합니다.

## 안감과 몸판을 잇습니다!

**24** 안감의 뒤 몸판이 여기서 재등장. 안감과 안감의 어깨를 겉면끼리 마주 보게 겹치고 시침핀으로 고정합니다.

**25** 함께 박습니다.

**26** 반대편도 똑같이 안감의 어깨 부분을 박아줍니다. 뒤 몸판 쪽으로 시접을 눕히고 다림질합니다.

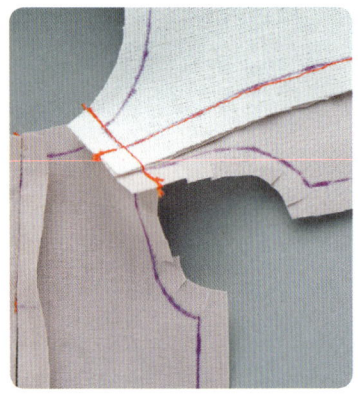

**27** 안감의 진동둘레에 가위집을 냅니다. 완성선에 아슬아슬하게 닿기 전까지 가위집을 깊게 넣어주는 게 아름다운 곡선의 팁.

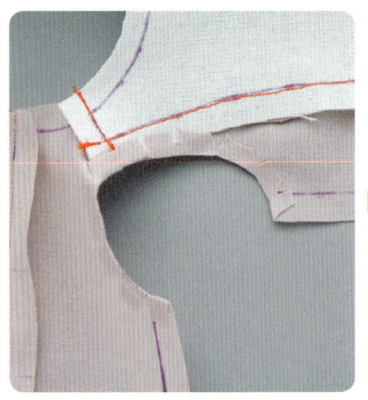

**28** 완성선으로 접고 접착제로 고정합니다.

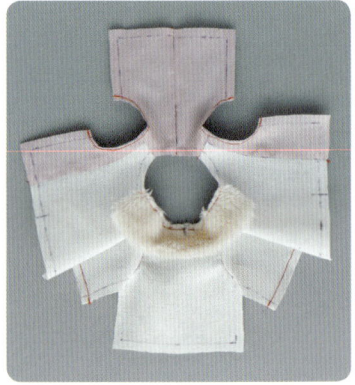

**29** 접착제로 고정한 안감의 진동둘레를 박습니다. 반대편도 똑같이.

**30** 목둘레를 박아갑니다! 겉감의 안단 라인을 따라 겉끼리 마주 보게 접고, 칼라의 중심과 안감의 뒤 몸판 중심을 맞춰서 시침핀으로 고정합니다.

**31** 옷감을 겹쳐 두꺼워졌으므로, 다루기 어렵게 됐지만 천이 삐뚤어지지 않게 주의하면서 시침핀을 많이 꽂아 고정합니다.

**32** 목둘레의 시접을 시침질합니다.

**33** 목둘레를 재봉틀로 박습니다. 겉에서 보면 깨끗해도 안은 엉망진창, 이게 뭐지 싶은 경우가 많으니 주의해서 박아요.

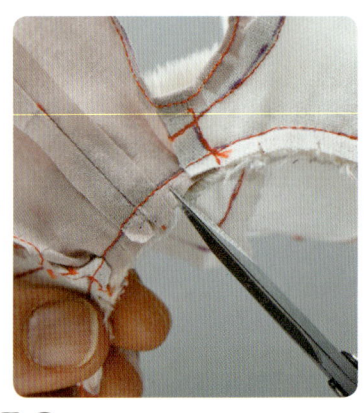

**34** 목둘레에 가위집을 냅니다.

**35** 옆선을 박습니다. 겉감은 겉감끼리 옆선을 겉과 겉을 마주 보게 겹쳐 시침 핀으로 고정합니다.

**36** 시침핀으로 고정한 겉감의 옆선을 박습니다. 반대편도 똑같이.

**37** 다음은 겉감처럼, 안감끼리 겉과 겉을 마주보게 겹쳐 옆선을 시침핀으로 고정합니다.

**38** 시침핀으로 고정한 안감의 옆선을 박습니다. 반대편도 똑같이.

겉은 이런 느낌!

두 군데 가위집

**39** 겉감만 소매 밑 옆선의 시접에 가위집을 두 군데 내줍니다.

**40** 겉감, 안감을 같이 시접을 다리미로 눌러 가릅니다.

**41** 겉과 안의 밑단을 맞춰 시침핀으로 고정 후 박습니다.

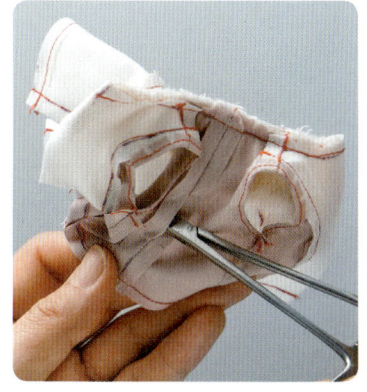

**42** 안감의 뒤 몸판 창구멍으로 수예용 겸자를 넣어 조금씩 뒤집습니다.

**43** 소매를 꺼냅니다.

**44** 예쁘게 뒤집었다면 다림질하여 정리합니다.

**45** 밑단에서 목둘레까지 빙 둘러 한 바퀴 스티치를 넣습니다.

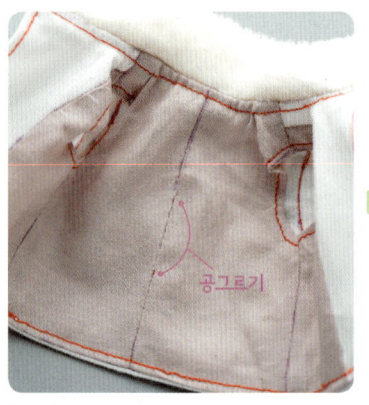

**46** 창구멍을 공그르기 합니다.(P.30 참고)

**47** 칼라 부분을 다림질합니다.

**벨트를 만들어요!**

**48** 벨트를 만듭니다. 각각 4cm와 2cm짜리 스웨이드 끈을 준비합니다.

**49** 패턴에 있는 표시를 초크펜으로 옮겨 그립니다.

**50** 2cm로 자른 스웨이드 끈을 뱅글에 끼운 다음 끝을 접착제로 붙입니다.

**51** 4cm로 자른 스웨이드 끈을 오른쪽에, 뱅글에 끼운 스웨이드를 왼쪽에 꿰맵니다. 4cm로 자른 쪽은 끝을 사선으로 잘라 보기 좋게. 이걸 달아주면 퍼 칼라를 세워 입는 식으로 변화를 줄 수 있습니다. 물론 이런 변화가 필요 없는 사람은 벨트를 달지 않아도 상관없어요.

**52** 아까 표시해둔 곳에 비즈를 달고 후크와 실 루프를 달면 완성!

**FINISH!**

완성!

같은 패턴, 다른 느낌!

# 어레인지 편

| LESSON 01 | 손바느질 원피스 |
| --- | --- |

### ① 탈착 칼라 어레인지

리본을 달거나, 비즈를 달아 꾸미면 화려한 분위기가 연출됩니다. 그 외에도 끝에 레이스를 달거나, 컬러풀한 원단으로 만드는 등 여러 가지로 활용해 즐겨보세요.

### ② 레이스나 리본으로 화려하게 변신

몸판이나 스커트의 밑단에 접착제로 레이스를 달거나 리본을 달아 소녀 같은 스타일로. 인형용이니 작은 부속품을 선택하세요.

### ③ 원단을 바꿔서 다른 느낌으로 체인지

스커트에 체크나 스트라이프 등의 무늬 옷감을 사용하거나, 몸판과 스커트를 비비드 컬러 원단으로 바꾸면 분위기가 싹 바껴요.

LESSON
## 02

# 폴라 티

**1**

**무늬 원단으로 캐주얼하게
변화 주기**

줄무늬 니트나 꽃무늬 니트 등
무늬 있는 원단으로 만들면 캐
주얼한 분위기를 풍겨요.

**2**

**소재가 다른 니트 원단으로
이미지 체인지**

울 니트 원단을 사용하면 어른
스러운 분위기가 나지요. 펄 비
즈를 달면 목 부분이 단추 여밈
으로 된 디자인 같아요.

**3**

**작은 자수를
놓는 것도 한 수**

심플한 폴라 티도 자수를 넣어
주연급 아이템으로. 가슴에 원
포인트로 작은 자수를 넣어도
귀여워요.

# 와이드 팬츠

① 과감하게 길이를
바꿔 보자

데님 천으로 캐주얼다운
casual down*. 원단에 맞
춰 버튼도 메탈로 바꾸
고, 소재에 맞춰 기장도
좋아하는 길이로 조절합
니다. 스트레이트한 패턴
이라 길게도, 짧게도 간
단하게 가능!

※기본 패턴은 모모코(27cm)가 풀렝스(full-length, 발목까지 오는 길
이—옮긴이), 리카짱(22cm), 루루코(20cm)는 짧은 기장입니다.

*캐주얼다운. 캐주얼 감각을 다소 자제한, 약간 클래식한 스타일의
캐주얼 룩—옮긴이

② 리본테이프로 라인을
넣어주는 것만으로

밑단에 리본을 달아 상큼한 마린룩으
로 변신. 리본 대신 레이스를 달면 걸
리시한 분위기가 연출된답니다.

③ 멜빵을
달아보자

합성피혁 테이프를 달아 멜빵바지로.
소재를 바꾸면 캐주얼한 분위기나 고
전적인 분위기 등 자유자재로 변신
가능!

# 멜빵 스커트

### 멜빵만 소재를 바꿔요

멜빵을 스커트와 같은 원단이 아니라 합성피혁 테이프 등으로 바꾸어 활용. 뱅글 등을 달면 한층 더 분위기가 업.

### 원단을 바꿔서 즐겨봐요

코듀로이나 플란넬 등 기모가 있는 원단으로 만들면 겨울느낌, 면 등으로 만들면 여름느낌 완성.

### 단추만 바꿔주는 심플한 어레인지

나무 재질의 앞 단추로 차분하게, 금속 소재를 사용하면 조금 강렬한 인상이 되는 등 부속품만 바꿔도, 분위기까지 달라져요.

# 룸 웨어 세트

1 차분한 색으로
가운을 아우터화 처럼

원단을 차분한 색 배합의 니트나 울
니트, 쟈가드 니트 등으로 바꾸면 아
우터로 착장 가능한 아이템이 됩니다.

2 소재를 바꿔
란제리 풍으로

베이비 돌 원피스는 니트 원단이나
신축성이 없는 리넨과 실크 원단. 어
느 것으로도 만들 수 있습니다. 스커
트 부분을 틸로 만들면 란제리 같은
분위기로 보다 사랑스럽게 완성♥

3 밑단에 레이스를 달아
소녀 감성으로

쇼트 팬츠도 니트 원단이나 신축성 없는
리넨과 실크 원단, 어느 것으로 만들어도
잘 어울려요. 밑단에 레이스를 다는 것만으
로 분위기가 바뀌죠.

# 블라우스

 **1** 레이스와 리본을
다는 것만으로!

몸판에 레이스와 리본을 달아서 화려
하게. 단추 대신 비즈를 장식해도 예
뻐요.

**2** 칼라의 원단만
바꾸기

몸판은 무늬원단으로 하고 칼라와 커
프스를 흰 원단으로 하면 고급스러운
분위기가 연출됩니다. 무지 원단끼리
도 색을 바꾸면 멋지게 완성.

 **3** 칼라 없는 블라우스로
고급스럽게

패턴은 그대로, 칼라를 달지 않고 목
둘레를 틸 안단으로 처리합니다. 어
른스러운 분위기로 변신.

# 퍼 칼라 코트

 **1**  벨트로 깃을 세운
스타일

몸판은 플란넬 원단을 사용. 앞여밈에 골
드비즈를 달면 완성도가 높아 보이죠. 깃
을 세워 벨트를 채우면 다른 옷을 입는
느낌을 풍겨요.

**2**  더플 스타일 벨트로
어레인지

몸판은 코듀로이를 사용. 앞여밈은
합성피혁 테이프&토글 단추를 달아
더플코트 스타일로 캐주얼하게 연출.

**3**  벨트만으로
깔끔하게

몸판은 울 거즈를 사용. 앞여밈
은 합성피혁 테이프&뱅글 벨트
로 어른스럽게. 올 화이트지만
소재의 변화로 승부!

# Model doll

이 책으로 만들 수 있는 옷들을 입은 인형을 소개합니다.
최신 뉴스도 주목해주세요.

## LiccA

### 멋내기를 즐기는 슈퍼 인형

익숙한 리카짱에서 성인 여성들도 즐길 수 있는 신 브랜드 「LiccA」가 등장! 스타일리시한 바디로 여러 가지 옷을 아름답게 소화합니다.

리카 스타일리시 돌 컬렉션 「블랙 쇼콜라 드레스 스타일」 / ￥12,000

© TOMY

## \ LiccA NEWS /

**NEWS 1**

### 여배우 같은 분위기

컬이 아름다운 퐁파두르 헤어가 무척 고급스럽다. 스타일링 물품들도 어른스러운 아이템이 가득.

**NEWS 2** 폭발적인 인기의 스타일리시 돌 컬렉션

a                                    b

**a** 제2탄 리카 스타일리시 돌 컬렉션 「카푸치노 원피스 스타일」 / ￥12,000
**b** 제1탄 리카 스타일리시 돌 컬렉션 「올리브 페플럼 스타일」 / ￥10,000

### 자세한 건 여기!

http://licca.takaratomy.co.jp/stylishlicca/

**리카짱 공식**
Twitter＆Instagram @bonjour_licca

리카짱이 화제의 장소를 방문하고, 여러 사람과 교류를 즐기는 SNS도 화제!

# momoko DOLL

## 여러 가지 패션을 화려하게 소화하는

1/6 스케일(신장 약 27cm)의 트렌드를 리드하는 멋쟁이 패션 돌. 광고 출연이나 모델 활동을 포함, 패션숍 브랜드나 아티스트, 뮤지션들과의 크로스 오버도 적극적으로 하고 있습니다.

네가 떠난 집 / ￥12,800

# ruruko

## 어리광쟁이 여동생 인형

여동생 캐릭터라고도 말할 수 있을
만큼 친근한 모습. 신장은 약 20cm
로 가동성이 넓다. 여러 가지 포즈가
특기! 조금 더 자유롭게, 조금 더
대담하게 보다 패션을 즐길 수 있는
패션 돌입니다.

CCSgirl 16SP ruruko /
¥18,000

**올인원이 귀여워♥**
Fresh ruruko 1605 / ¥14,000
루루코의 올인원을 착용한 심플한
사양의 모델. 취향대로 헤어 스타일
링이나 패션을 즐기세요!

**일본의 새침데기 ruruko**
아라레노 후리소데 ruruko PS /
¥20,000
일본 느낌도 잘 어울리는 모노톤에
라이트 블루를 곁들인 후리소데 루
루코는 정말 귀여워요.

**ruruko의 문의처**
♥펫워크스 돌 사업부
https://www.petworks.co.jp/doll/
inquiry
♥펫워크스 스토어
http://pwstore.ocnk.net

HP: http://www.petworks.co.jp/doll/ruruko/

# 패턴과 만드는 법

※ 패턴은 전부 100% 크기입니다.

## ♥ 패턴의 명칭

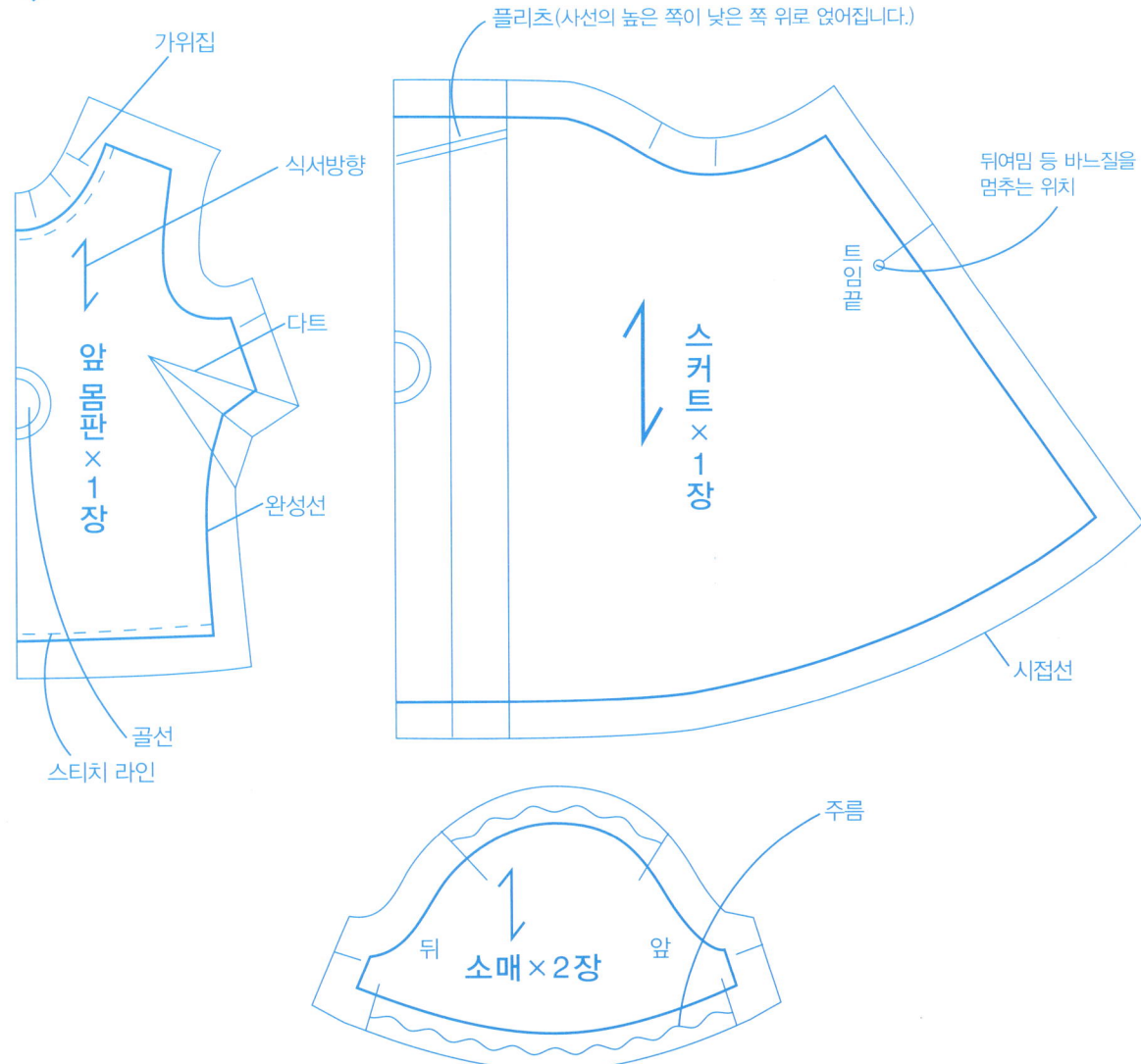

가위집
식서방향
다트
완성선
앞 몸판 × 1 장
골선
스티치 라인
플리츠(사선의 높은 쪽이 낮은 쪽 위로 얹어집니다.)
뒤여밈 등 바느질을 멈추는 위치
트임끝
스커트 × 1 장
시접선
주름
뒤 소매 × 2 장 앞

로즈마리 소와르
for 22cm doll

# 하트 에이프런 원피스
# 만드는 법

## 【재료】

### ♥ 하트 에이프런 원피스

| | |
|---|---|
| 몸판, 스커트용 체크 원단 ·················· 14cm×21cm | 하트 부분 프릴 면 론 원단 ·········· 2cm×23cm |
| 하트 부분 모직 원단 ························ 5cm×6cm | 어깨끈 4mm 폭 새틴 리본 ·············· 적당량 |
| 하트 부분 전용 접착 심 ···················· 5cm×6cm | 뒤여밈 용 3mm 펄 비즈 ················· 2개 |
| 안단용 틸 ··································· 7cm×12cm | |

## 【만드는 법】

1. 원단을 각 부분 별로 재단하고, 올풀림 방지액을 발라둔다. 몸판의 안단용 틸은 적당히 자른다.
2. 몸판의 다트를 박고, 다트는 안으로 눕혀 다림질한다.
3. 앞쪽 어깨끈 붙일 자리에 어깨끈용 리본을 본드로 임시 고정해둔다.(P.84 그림1 참고)
4. 적당히 잘라 둔 틸과 몸판을 겉면이 마주 보게 겹쳐서 윗부분을 박는다.
5. 시접에 가위집을 낸 후 안단을 안으로 뒤집고 봉재선을 깨끗하게 정리하여 다림질한다.
6. 안단인 틸의 남는 부분을 자른다.
7. 뒤쪽의 어깨끈 붙일 자리에 어깨끈을 접착제로 임시 고정해둔다.
8. 뒤여밈 부분 ~ 윗부분 가장자리를 스티치로 누른다.(P.84 그림2 참고)
9. 스커트의 시접을 완성선에 맞춰 접어 다림질을 한 후 스티치를 넣는다.
10. 스커트에 주름을 잡고 몸판 허리에 맞게 길이를 조절한다.
11. 몸판과 스커트를 겉면이 마주 보게 겹쳐 박은 후 시접을 몸판 방향으로 눕혀 다림질로 누른다.
12. 하트용 프릴을 반으로 접어 주름을 잡는다.(P.84 그림3 참고)
13. 하트 가장자리와 프릴을 겉면끼리 마주 보게 겹쳐 단다.(P.84 그림4 참고)
14. 시접을 안으로 눕히고 프릴을 바깥으로 확실하게 꺼내서 다림질한다.
15. 접착 심을 하트의 완성선에 맞춰 재단하여 하트의 뒷면에 다리미로 눌러 붙인다.
16. 하트에 자수를 놓는다.
17. 몸판 중심에 하트를 박아서 달아준다.
18. 뒤여밈 위에서 트임 끝까지 완성선을 따라 접고 스티치를 박는다.
19. 뒤 중심 아래부터 트임 끝까지 겉면이 마주 보게 겹쳐 박는다.
20. 시접을 가르고 다림질을 한 후 겉으로 뒤집는다.
21. 어깨 끈 중심에서 약간 앞부분에 묶은 리본을 박음질해 단다.
22. 뒤여밈에 비즈와 실 루프를 달면 완성.

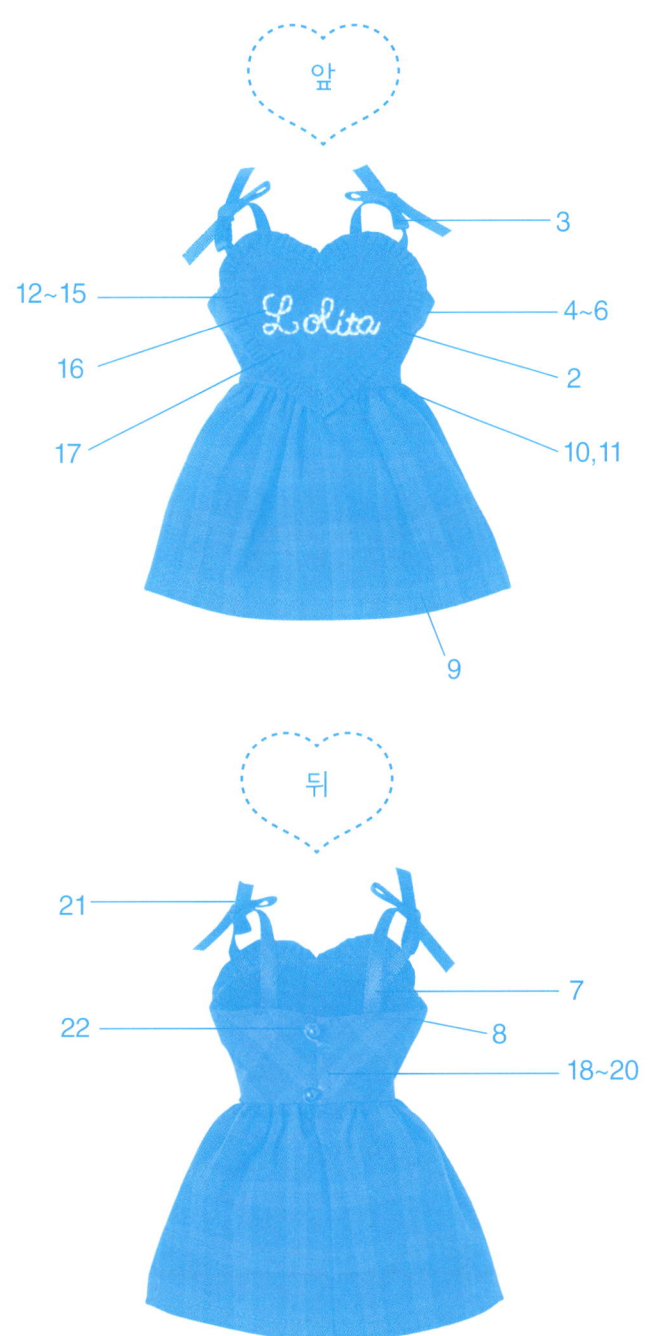

앞

3

12~15

16

4~6

2

17

10,11

9

뒤

21

7

22

8

18~20

## 3. 그림1

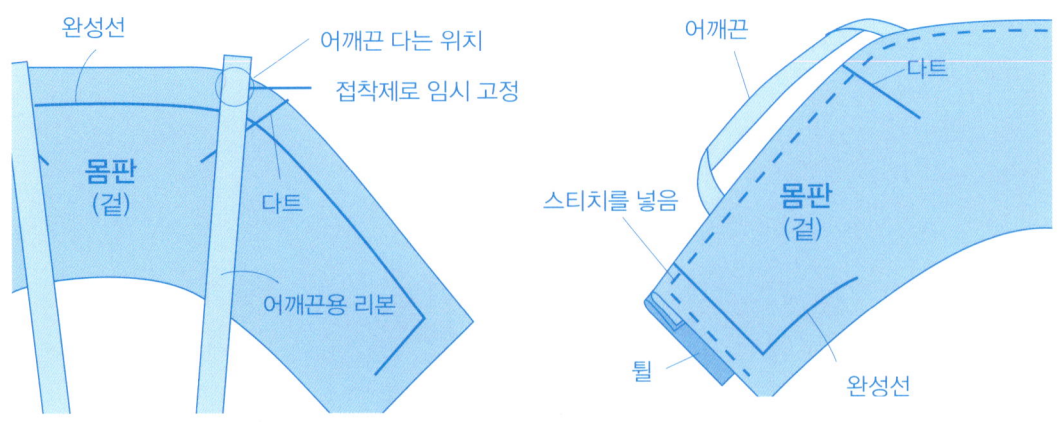

완성선

어깨끈 다는 위치

접착제로 임시 고정

몸판
(겉)

다트

어깨끈용 리본

## 8. 그림2

어깨끈

다트

몸판
(겉)

스티치를 넣음

틸

완성선

---

**프릴 다는 법**

---

## 12. 그림3

길이에 맞춰 자른 원단을 반으로 접어 다림질하고, 주름용 스티치를 완성선을 사이에 두고 두 줄 잡는다.

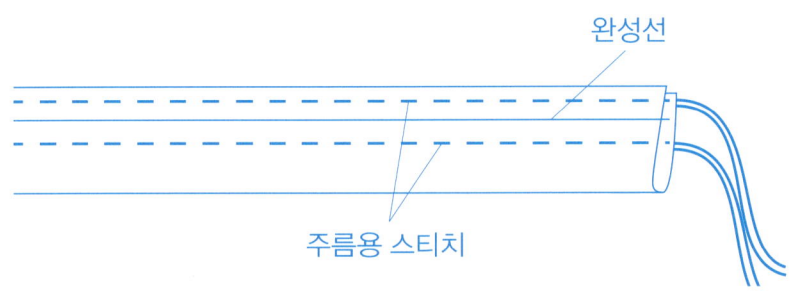

완성선

주름용 스티치

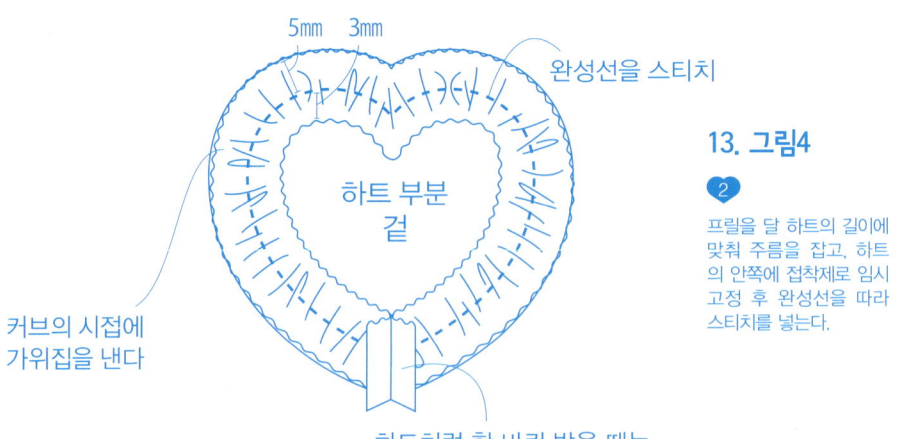

5mm   3mm

완성선을 스티치

하트 부분
겉

커브의 시접에
가위집을 낸다

하트처럼 한 바퀴 박을 때는
끝을 조금 남겨둔다

## 13. 그림4

프릴을 달 하트의 길이에 맞춰 주름을 잡고, 하트의 안쪽에 접착제로 임시 고정 후 완성선을 따라 스티치를 넣는다.

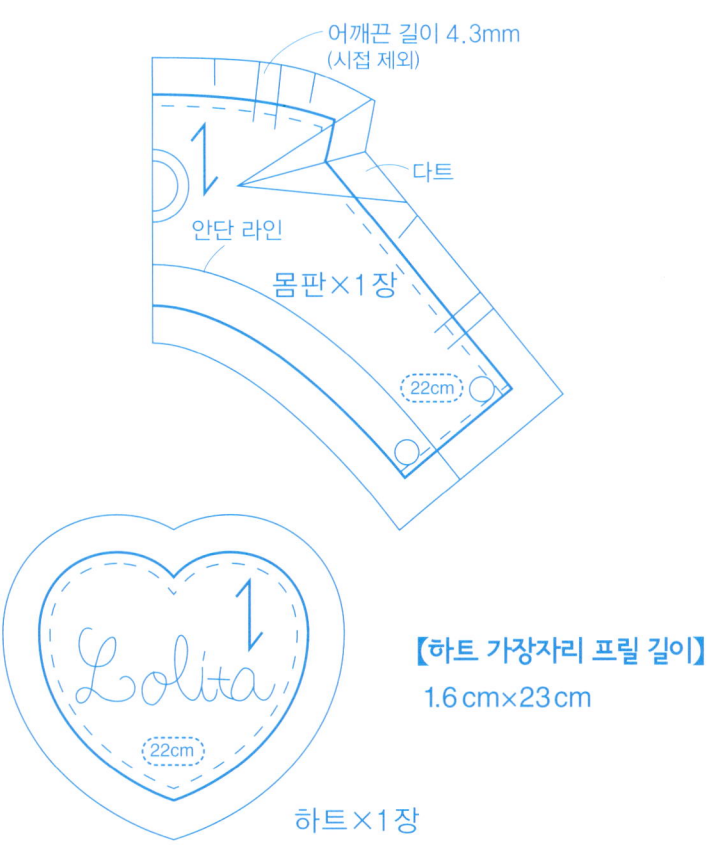

어깨끈 길이 4.3mm
(시접 제외)

다트

안단 라인

몸판×1장

22cm

Lolita

22cm

하트×1장

【하트 가장자리 프릴 길이】
1.6cm×23cm

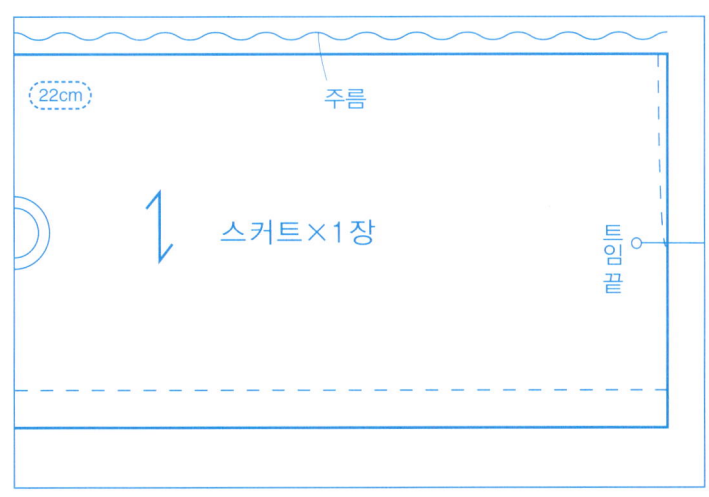

22cm

주름

스커트×1장

트임끝

로즈마리 소와르
for 20cm doll

# 홀리 세일러 탑,
# 서스펜더 스커트
# 만드는 법

## 【재료】

### ♥ 홀리 세일러 탑

| | |
|---|---|
| 80수 면 새틴 원단 | 22cm×20cm |
| 1.5mm 폭 새틴 리본 | 적당량 |
| 뒤 여밈 용 3mm 펄 비즈 | 2개 |

### ♥ 서스펜더 스커트

| | |
|---|---|
| 80수 면 새틴 원단 | 10cm×22cm |
| 튤 원단 | 7cm×35cm |
| 2mm 폭 새틴 리본 | 35cm |
| 뒤 여밈 용 스프링 후크(암컷만) | 1개 |

## 【만드는 법 / 홀리 세일러 탑】

1. 원단을 각 부분 별로 재단하고, 올풀림 방지액을 발라둔다.
2. 칼라를 겉면끼리 마주 보게 겹쳐, 목둘레를 남기고 박은 후 시접의 모서리를 자르고 커브에 가위집을 내고, 겉으로 뒤집는다.
3. 바늘땀을 깨끗하게 정리하고 다림질한다.
4. 새틴 리본에 접착제를 발라, 칼라의 가장자리 라인에 맞춰 조금씩 붙인다.
5. 리본 위를 스티치로 박아 고정한다.
6. 몸판의 다트를 박는다.
7. 앞과 뒤 몸판의 어깨를 겉면끼리 마주 보게 겹쳐 박고, 시접을 가른 후 다림질한다.
8. 칼라를 박아 붙이고, 시접에 가위집을 내어 확실하게 안쪽으로 접어 다림질한다.
9. 목둘레 주위를 스티치로, 칼라는 다리미로 눌러 정리한다.
10. 소매 커프스를 반으로 접어 다림질하고 새틴 리본을 라인처럼 박음질해 붙인다.

11. 소매 입구에 주름을 잡아, 커프스와 겉면끼리 마주 보게 겹쳐 박는다.
12. 시접을 소매 쪽으로 눕히고 다림질한다.
13. 소매산에 주름을 잡고 몸판과 겉면끼리 마주 보게 겹쳐 박는다.
14. 시접을 소매 쪽으로 눕히고 다림질로 누른다.
15. 좌우 양쪽 옆선~소매를 각각 겉면끼리 마주 보게 겹쳐 박는다.
16. 소매 중심 주변과 소매 아래, 겨드랑이 밑 세 곳의 시접에 가위집을 낸다.
17. 겉으로 뒤집고 옆선 시접을 갈라 다림질한다.
18. 밑단을 완성선으로 접어 다림질 후 스티치를 넣는다.
19. 뒤여밈을 완성선으로 접고 스티치를 넣는다.
20. 첫 번째 비즈는 칼라의 위쪽에 단다.
21. 두 번째 비즈와 실 루프를 달면 완성.

앞

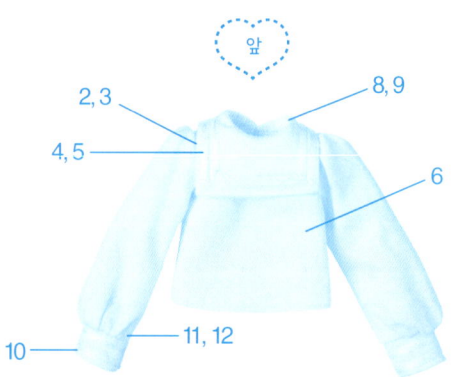

2, 3
4, 5
8, 9
6
10
11, 12

뒤

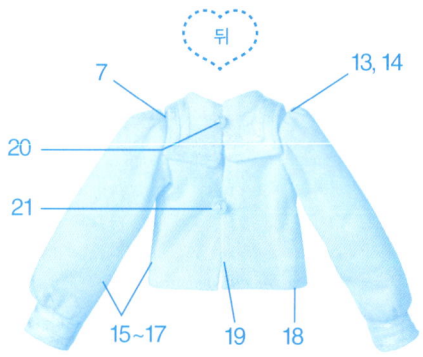

7
20
21
13, 14
15~17
19
18

## 【만드는 법 / 서스펜더 스커트】

1. 원단을 각 부분 별로 재단하고, 올풀림 방지액을 발라둔다.

2. 스커트의 밑단을 완성선에 맞춰 접어 다림질 후 스티치를 넣는다.

3. 자수를 넣는다.

4. 스커트에 주름을 잡고 요크 길이에 맞게 조절한다.

5. 틸의 밑단 프릴에 리본을 박음질해 단다.

6. 프릴에 주름을 잡아 언더 스커트의 길이에 맞춰 줄이고, 언더 스커트와 겉면끼리 마주 보게 겹쳐 박는다.

7. 시접을 스커트 쪽으로 눕히고 다림질한다.

8. 언더 스커트에 주름을 잡고 요크의 길이에 맞게 조절한다.

9. 스커트와 언더 스커트를 겹쳐 웨이스트 부분을 박음질한다.

10. 박아 놓은 스커트와 웨이스트 요크를 겉면끼리 마주 보게 겹쳐 박는다.

11. 시접을 요크 쪽으로 눕히고 다림질한다.

12. 또 한 장의 안단용 요크를 겉면끼리 마주 보게 겹쳐 윗부분을 박음질한다.(P.46 와이드 팬츠의 공정 11~14를 참고)

13. 시접에 가위집을 내어 겉으로 뒤집고, 바늘땀을 정리하고 다림질한다.

14. 요크 안단의 아래 부분을, 겉으로 바늘땀이 나오지 않도록 스커트의 시접 부분에서 손바느질로 꿰맨다.

15. 뒤 중심을 트임 끝까지 겉면이 마주 보게 겹쳐 박는다.

16. 겉으로 뒤집어 웨이스트 부분에 후크와 실 루프를 달면 완성.

♥ 홀리 세일러 탑

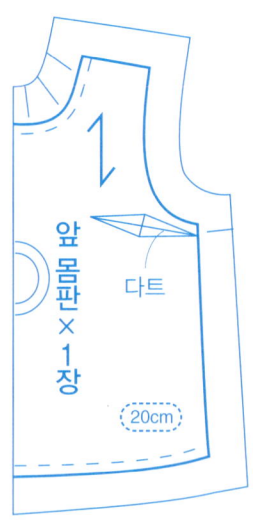

앞 몸판×1장

다트

20cm

뒤 몸판×2장

20cm

소매 커프스×2장

20cm

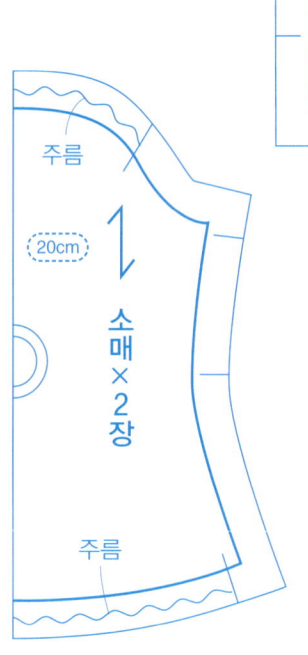

주름

20cm

소매×2장

주름

칼라×2장

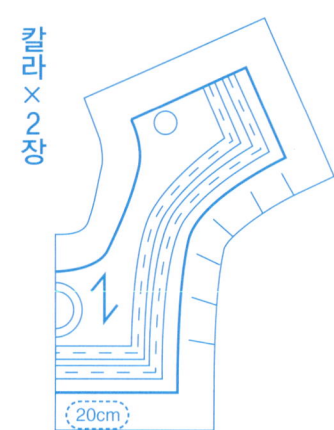

20cm

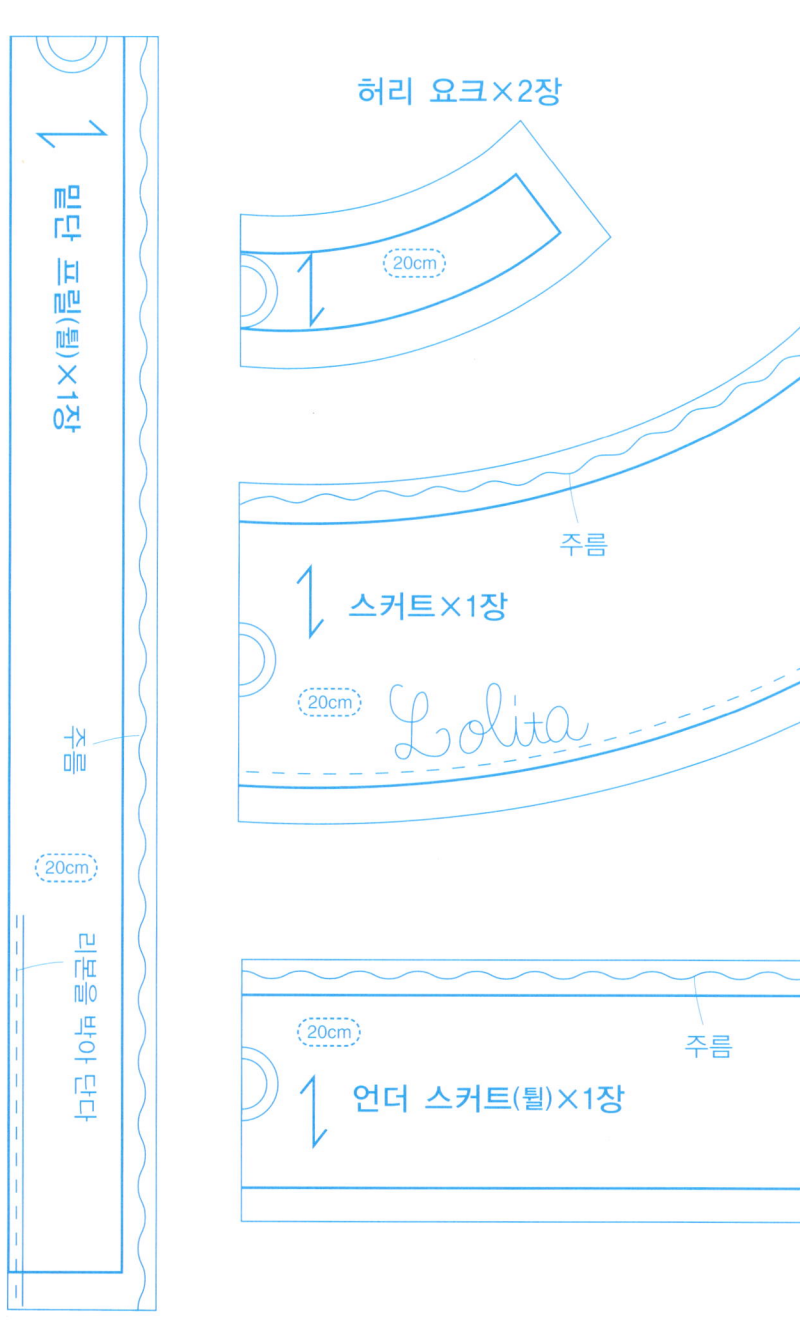

허리 요크×2장

20cm

주름

트임 끝

스커트×1장

20cm

*Lolita*

밑단 프릴(튈)×1장

주름

20cm

리본을 박아 단다

주름

20cm

언더 스커트(튈)×1장

# 러브 걸 원피스 만드는 법

(p.60 블라우스 만드는 법 참고)

## 【재료】

### ♥ 러브 걸 원피스

| | | | |
|---|---|---|---|
| 80수 면 새틴 원단 | 28cm×20cm | 장식용 2mm 펄 비즈 | 5개 |
| 프릴용 80수 면 새틴 원단 | 7cm×22cm | 뒤여밈용 3mm 펄 비즈 | 2개 |

## 【만드는 법】

1. 원단을 각 부분 별로 재단하고, 올풀림 방지액을 발라둔다.
2. 각 부분별 프릴을 제각기 반으로 접어 다림질하고 주름을 잡는다.(P.91 그림1 참고)
3. 요크 가장자리 프릴을 겉면끼리 마주 보게 겹쳐 박고, 프릴을 밖으로 확실히 꺼내 다림질한다.(P.91 그림2 참고)
4. 요크를 앞 몸판에 박음질해 단다.
5. 칼라의 시접에 프릴을 겉면끼리 마주 보게 겹쳐 접착제로 가볍게 임시 고정한다.
6. 프릴을 겹친 칼라에 또 하나의 칼라를 덧대고, 목둘레는 빼고 겉면끼리 마주 보게 겹쳐 박음질한다.
7. 칼라의 시접에 가위집을 내어 겉으로 뒤집고 프릴을 확실히 밖으로 꺼내 다림질한다.
8. 소매 커프스 A, B도 같은 식으로 프릴을 끼워 넣듯이 한 다음 커프스를 겉면끼리 마주 보게 겹쳐 박고 프릴을 밖으로 확실히 꺼내 다림질한다.
9. 커프스 B의 한쪽을 마름질한다.
10. 커프스 B에 A를 5mm 겹친 뒤 윗부분을 박는다.(P.91 그림3 참고)
11. 소매 아랫 부분에 주름을 잡고 커프스의 길이에 맞춘다.
12. 소매와 커프스를 겉면끼리 마주 보게 겹쳐 박고, 시접을 소매 쪽으로 눕혀 다림질한다.
13. 커프스의 맞물린 부분에 비즈를 꿰매 단다.(P.91 그림4 참고)
14. 소매산에 주름을 잡는다.
15. 앞 몸판의 다트를 박고, 위로 눕혀 다림질한다.
16. 앞, 뒤 몸판의 어깨를 겉면끼리 마주 보게 겹쳐 박고, 시접을 뒤쪽으로 눕힌 후 다림질한다.
17. 칼라를 박아 달고 시접에 가위집을 낸 후 시접을 확실히 안쪽으로 접어 집어넣는다.
    요크가 겹쳐진 부분이 두꺼워져 접어도 뜨는 경우, 시접에 접착제를 발라 고정시킨다.
18. 칼라를 들어 올려 목둘레 주위를 스티치로 누르고, 칼라를 제자리로 되돌려 다림질한다.
19. 몸판과 소매를 겉면끼리 마주 보게 겹쳐 박는다.
20. 시접을 소매 쪽으로 눕히고 다림질한다.
21. 좌우 옆선~소매를 각각 겉면끼리 마주 보게 겹쳐 박는다.
22. 소매 밑, 겨드랑이 밑, 두 곳의 시접에 가위집을 낸다.
23. 겉으로 뒤집어서 옆선의 시접을 가르고 다림질한다.
24. 뒤여밈 위에서 트임 끝까지 완성선에 맞춰 접고 스티치를 넣는다.
25. 뒤여밈 밑에서부터 트임 끝까지 겉면이 마주 보게 겹쳐 박는다.
26. 시접을 가르고 다림질한 후 겉으로 뒤집는다.
27. 여밈에 비즈와 실 루프를 단다.
28. 요크에 장식용 비즈를 달아 완성.

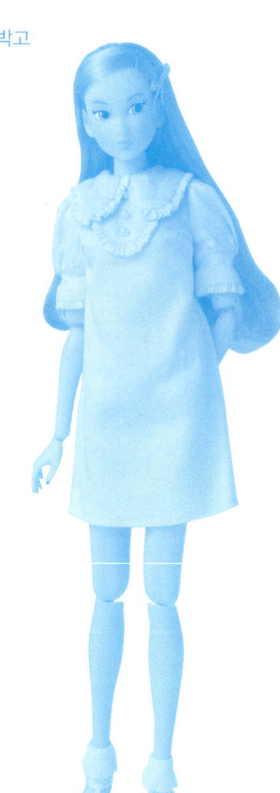

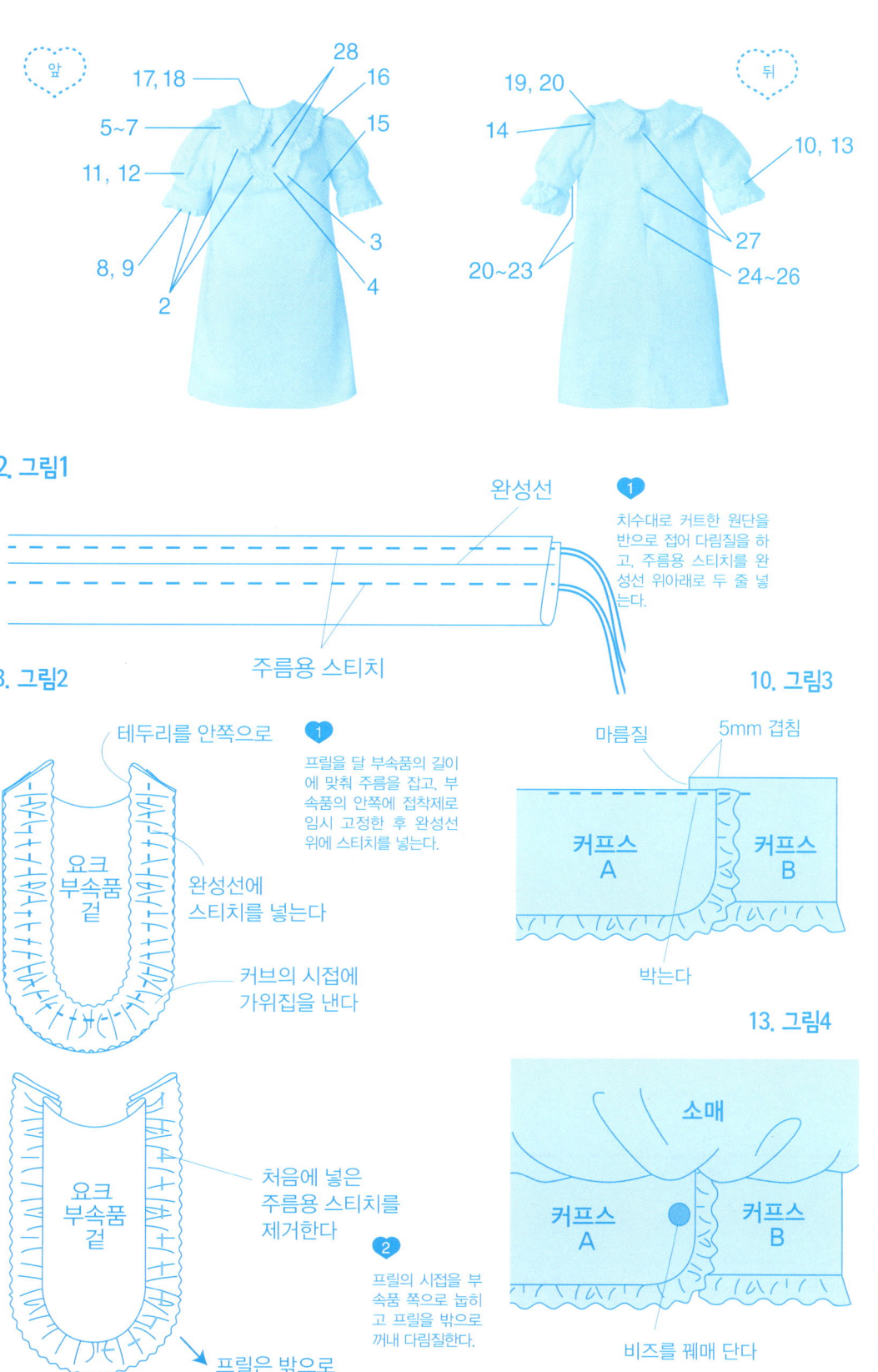

앞

17, 18
28
16
5~7
15
11, 12
3
8, 9
4
2

뒤

19, 20
14
10, 13
27
20~23
24~26

## 2. 그림1

완성선

주름용 스티치

① 치수대로 커트한 원단을 반으로 접어 다림질을 하고, 주름용 스티치를 완성선 위아래로 두 줄 넣는다.

## 3. 그림2

테두리를 안쪽으로

요크
부속품
겉

완성선에
스티치를 넣는다

커브의 시접에
가위집을 낸다

① 프릴을 달 부속품의 길이에 맞춰 주름을 잡고, 부속품의 안쪽에 접착제로 임시 고정한 후 완성선 위에 스티치를 넣는다.

요크
부속품
겉

처음에 넣은
주름용 스티치를
제거한다

② 프릴의 시접을 부속품 쪽으로 눕히고 프릴을 밖으로 꺼내 다림질한다.

프릴은 밖으로
확실히 꺼낸다

## 10. 그림3

마름질
5mm 겹침

커프스
A

커프스
B

박는다

## 13. 그림4

소매

커프스
A

커프스
B

비즈를 꿰매 단다

## 【각 프릴 치수】

· 요크 주변 1.6cm × 18cm
· 칼라 주변 1.6cm × 20cm를 두 장
· 소매 커프스 A 1.6cm × 11cm를 두 장
· 소매 커프스 B 1.6cm × 4cm를 두 장

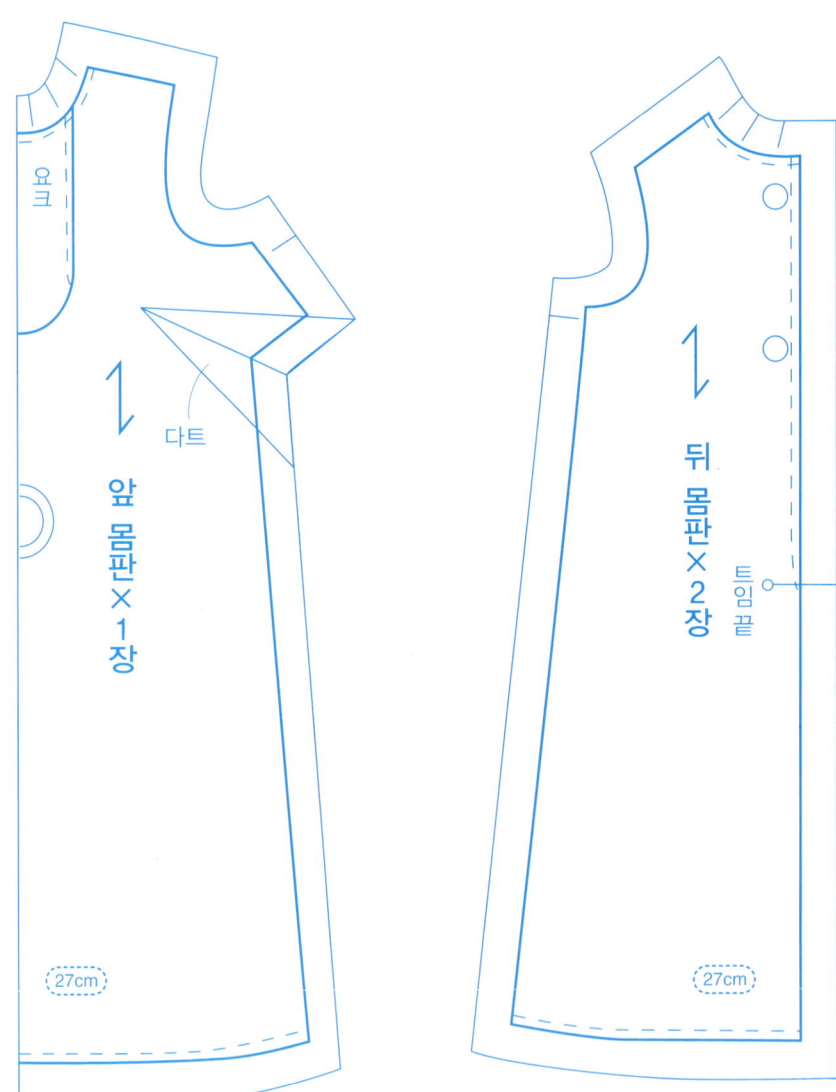

요크

다트

앞 몸판×1장

27cm

뒤 몸판×2장

트임 끝

27cm

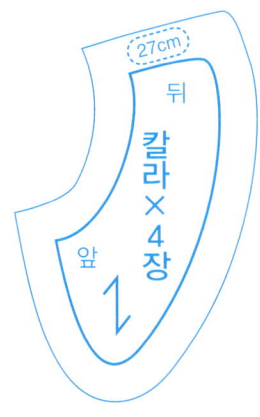

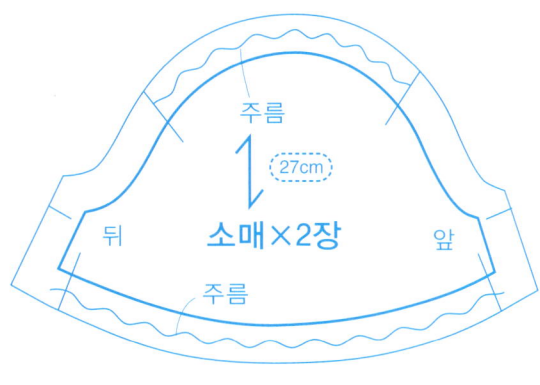

소매 커프스 B×4장

소매 커프스 A×4장

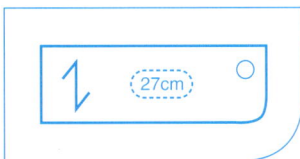

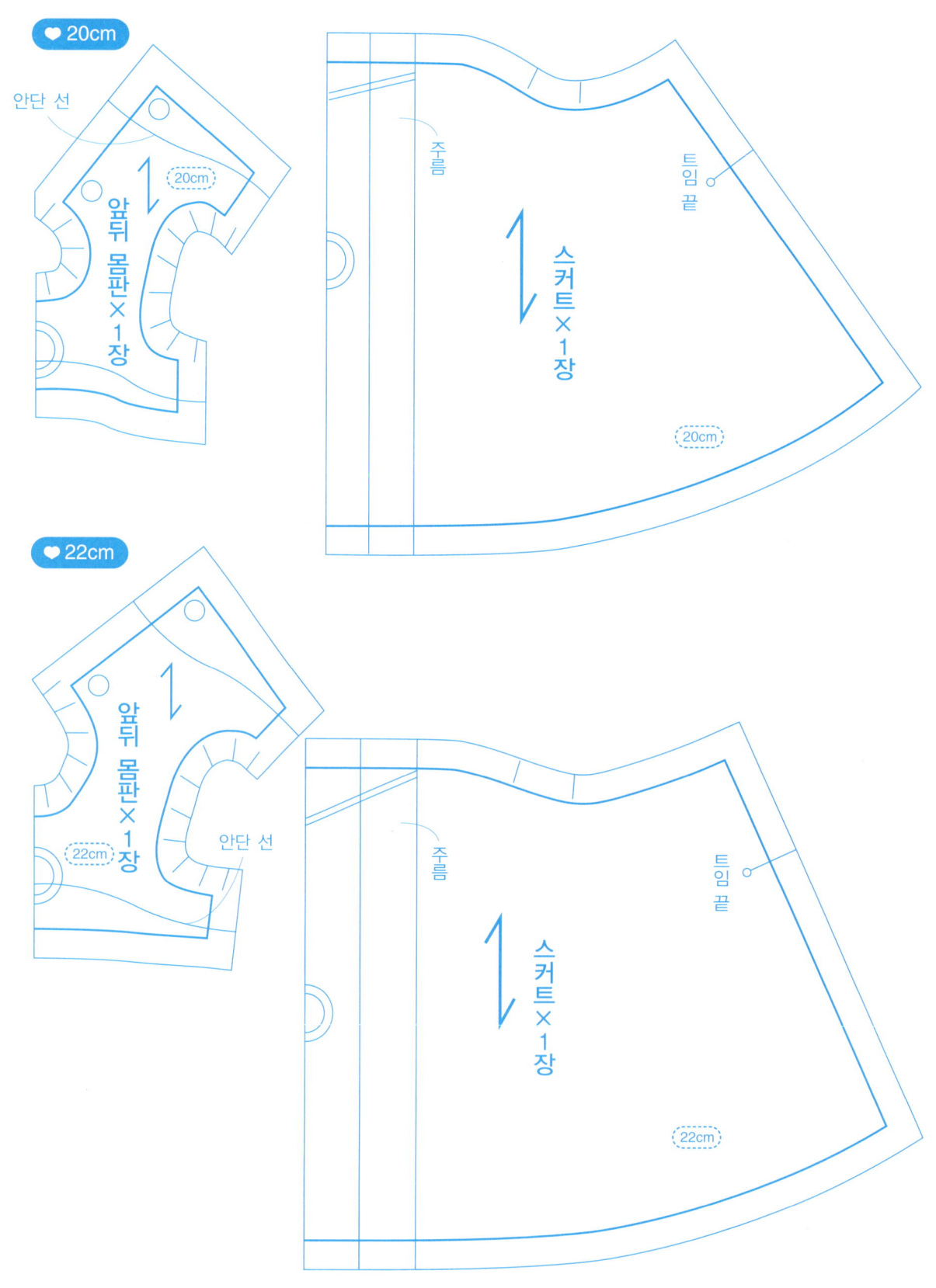

❤20cm

안단 선

20cm

앞뒤 몸판×1장

주름

트임끝

스커트×1장

20cm

❤22cm

앞뒤 몸판×1장

22cm

안단 선

주름

트임끝

스커트×1장

22cm

♥ 27cm

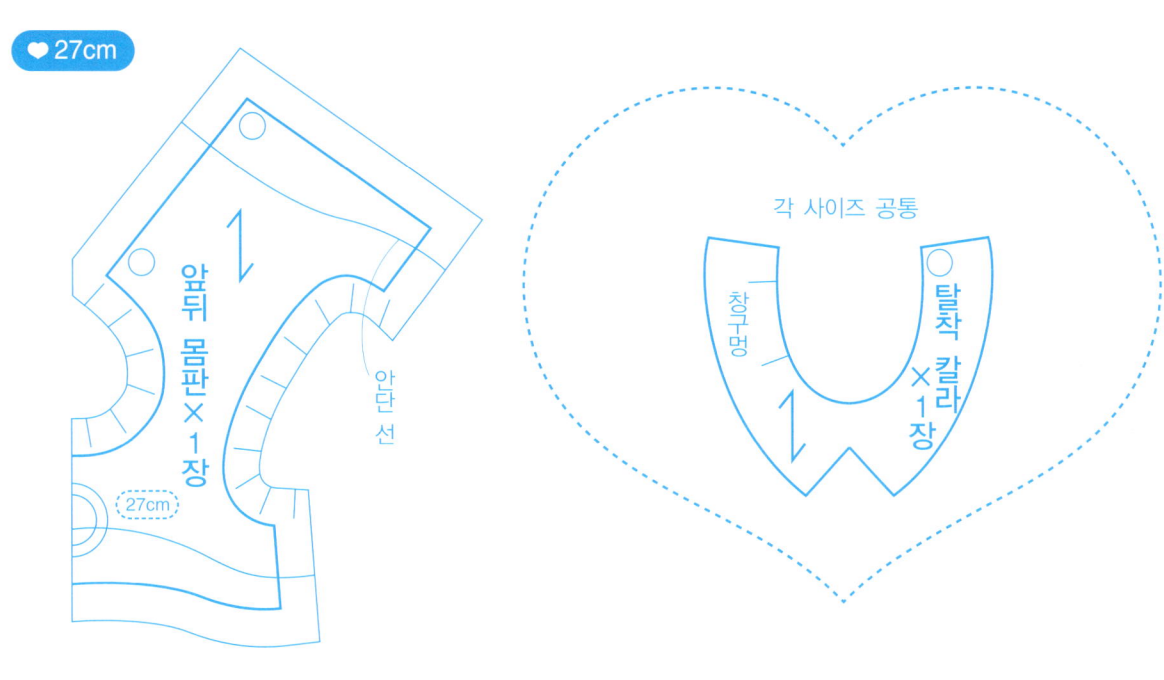

앞뒤 몸판×1장

안단선

27cm

각 사이즈 공통

창구멍

탈착 칼라×1장

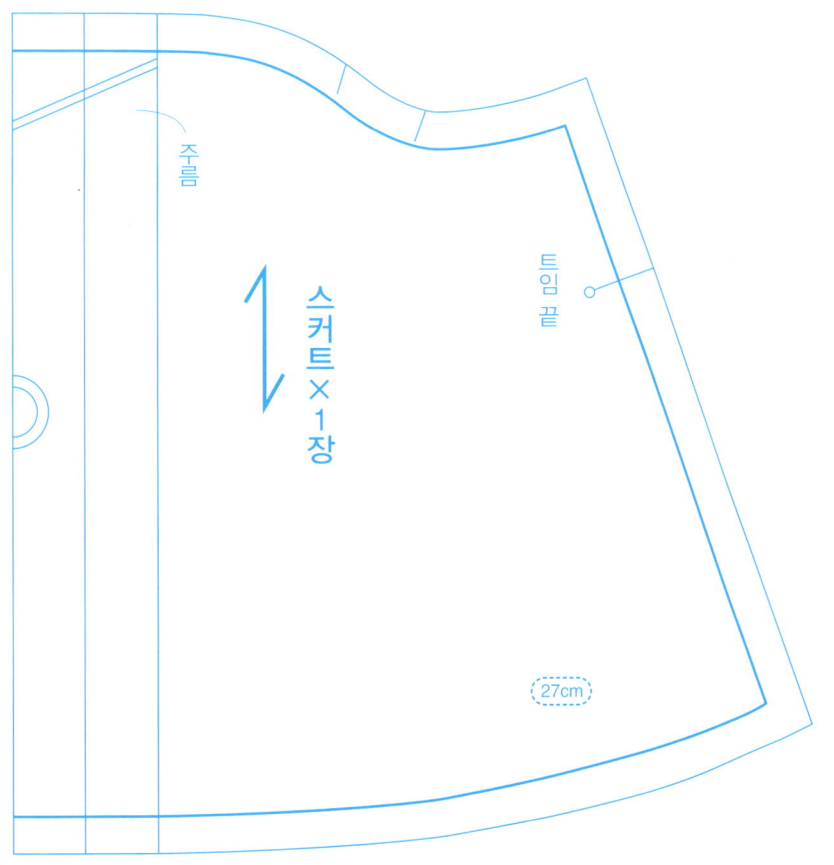

주름

트임끝

스커트×1장

27cm

♥20cm

앞 몸판×1장 20cm

뒤 몸판×2장 20cm
트임 끝

소매×2장 앞 뒤 20cm

칼라×1장 20cm
중심선

♥22cm

앞 몸판×1장 22cm

뒤 몸판×2장 22cm
트임 끝

소매×2장 앞 뒤 22cm

칼라×1장 22cm
중심선

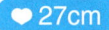

27cm

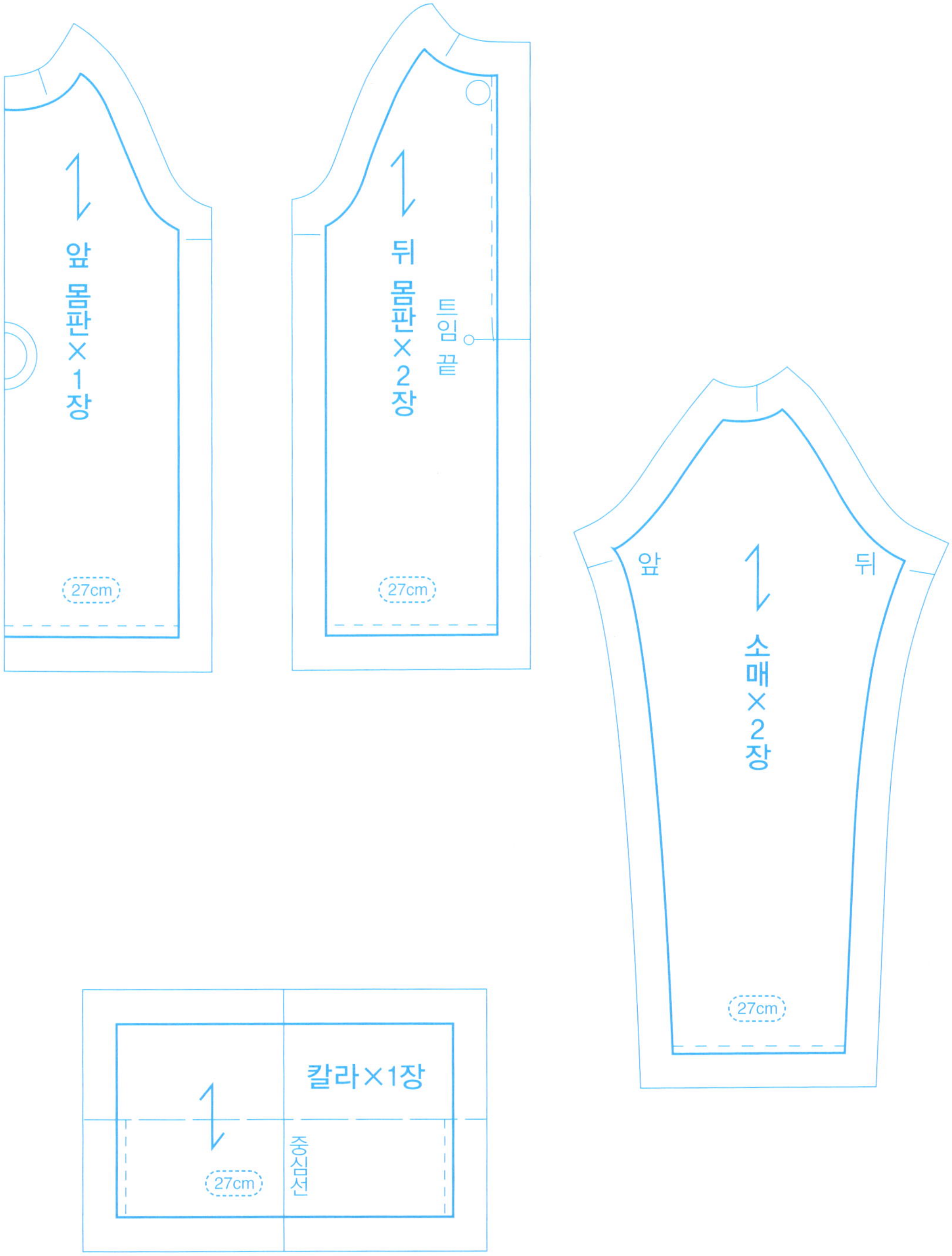
앞 몸판×1장
27cm
뒤 몸판×2장
트임 끝
27cm
앞
뒤
소매×2장
27cm
칼라×1장
중심선
27cm

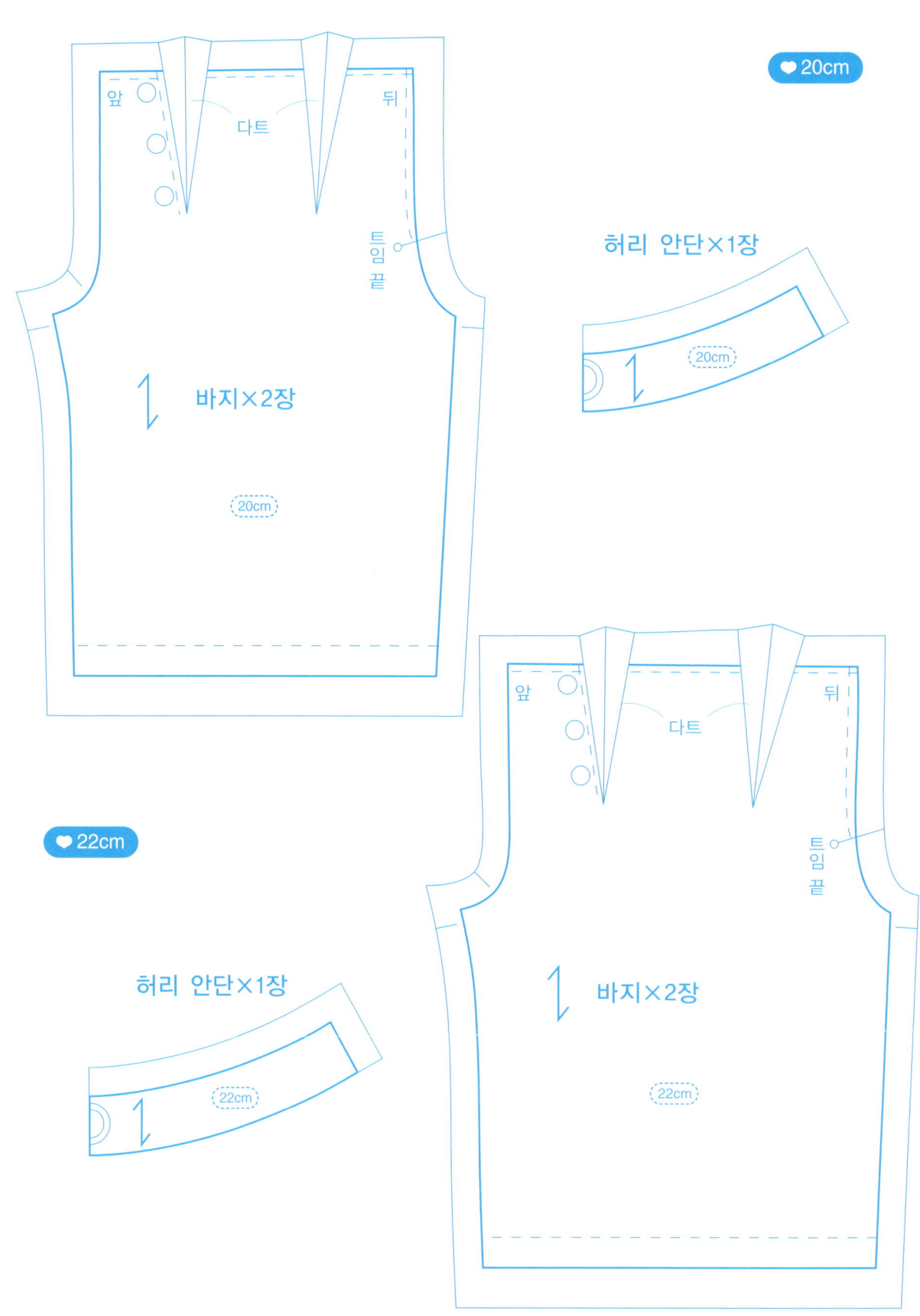

💙 27cm

앞

다트

뒤

트
임
끝

바지×2장

허리 안단×1장

27cm

27cm

데님 어레인지 재단 위치

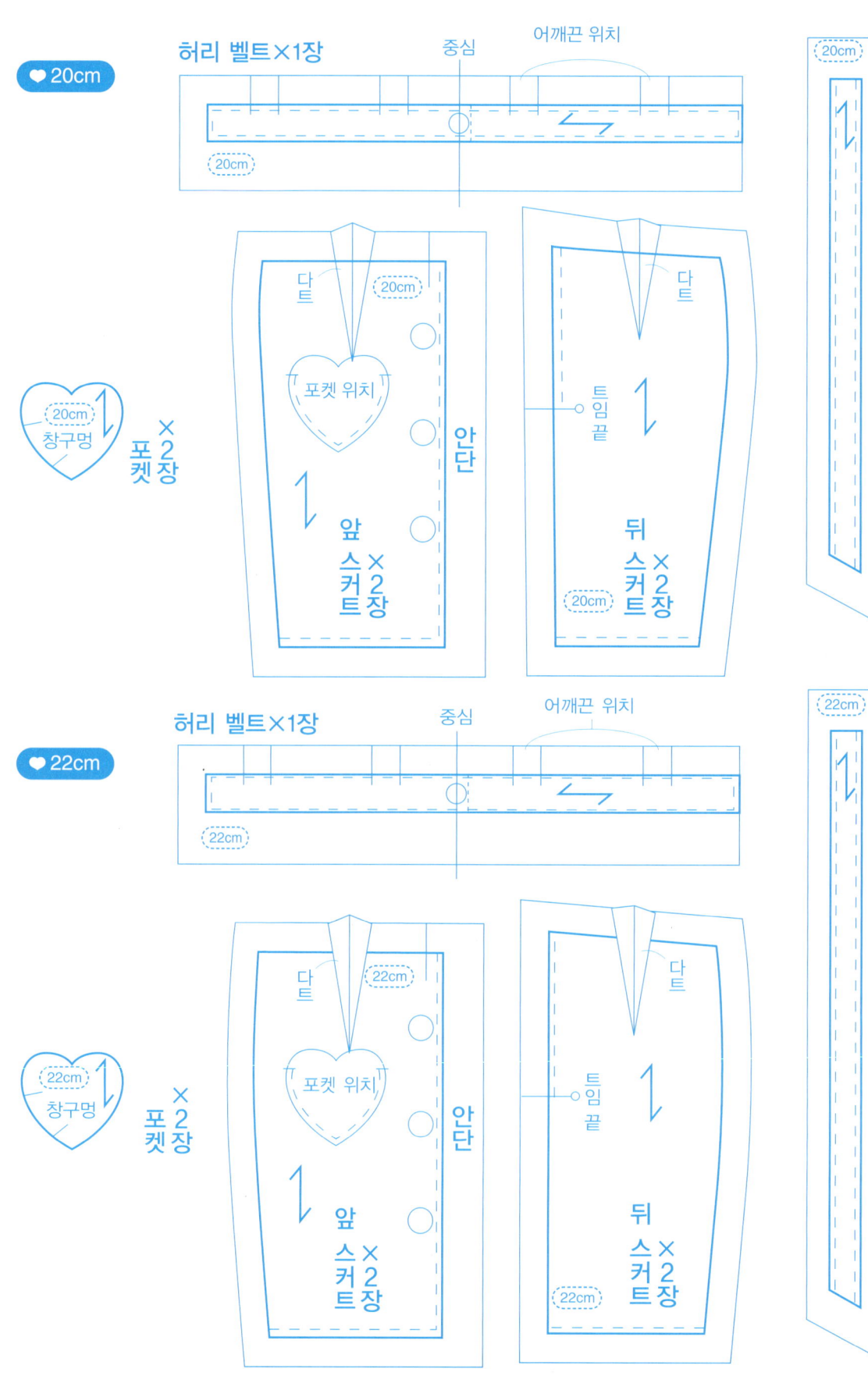

**♥ 20cm**

허리 벨트×1장
중심
어깨끈 위치
20cm

20cm

창구멍
20cm
포켓×2장

다트
20cm
포켓 위치
안단
앞스커트×2장

다트
트임끝
뒤스커트×2장
20cm

어깨끈×2장

**♥ 22cm**

허리 벨트×1장
중심
어깨끈 위치
22cm

22cm

창구멍
22cm
포켓×2장

다트
22cm
포켓 위치
안단
앞스커트×2장

다트
트임끝
뒤스커트×2장
22cm

어깨끈×2장

 27cm

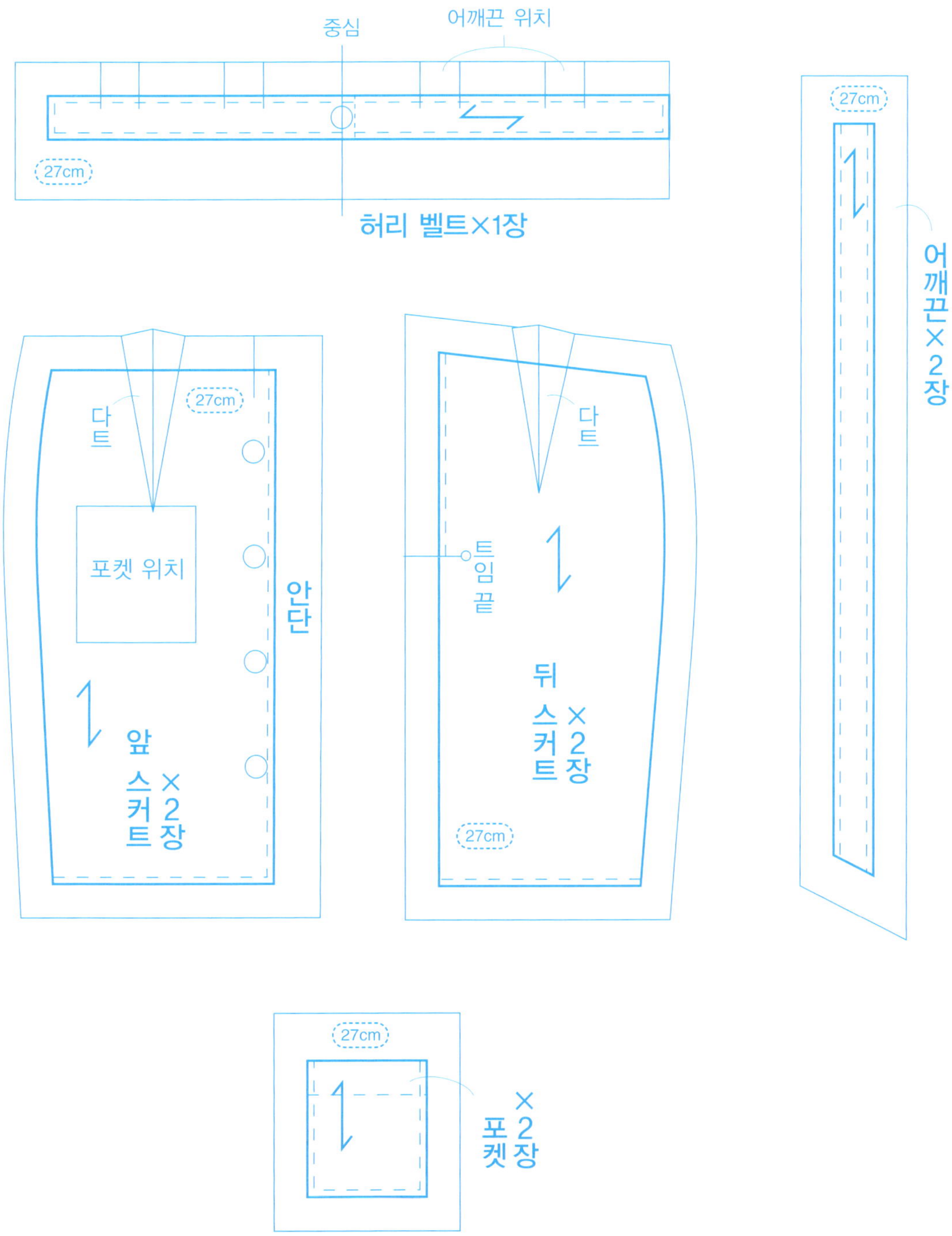

중심      어깨끈 위치

27cm

허리 벨트×1장

27cm

어깨끈×2장

다트

27cm

포켓 위치

안단

앞스커트×2장

다트

트임끝

뒤스커트×2장

27cm

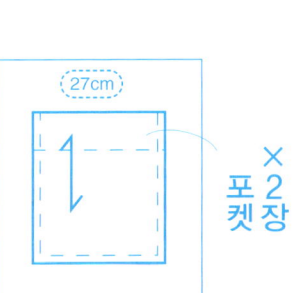

27cm

포켓×2장

※ 포켓을 하트형으로 할 경우에는 22cm의 포켓 패턴을 110%로
확대 복사하여 사용하세요.

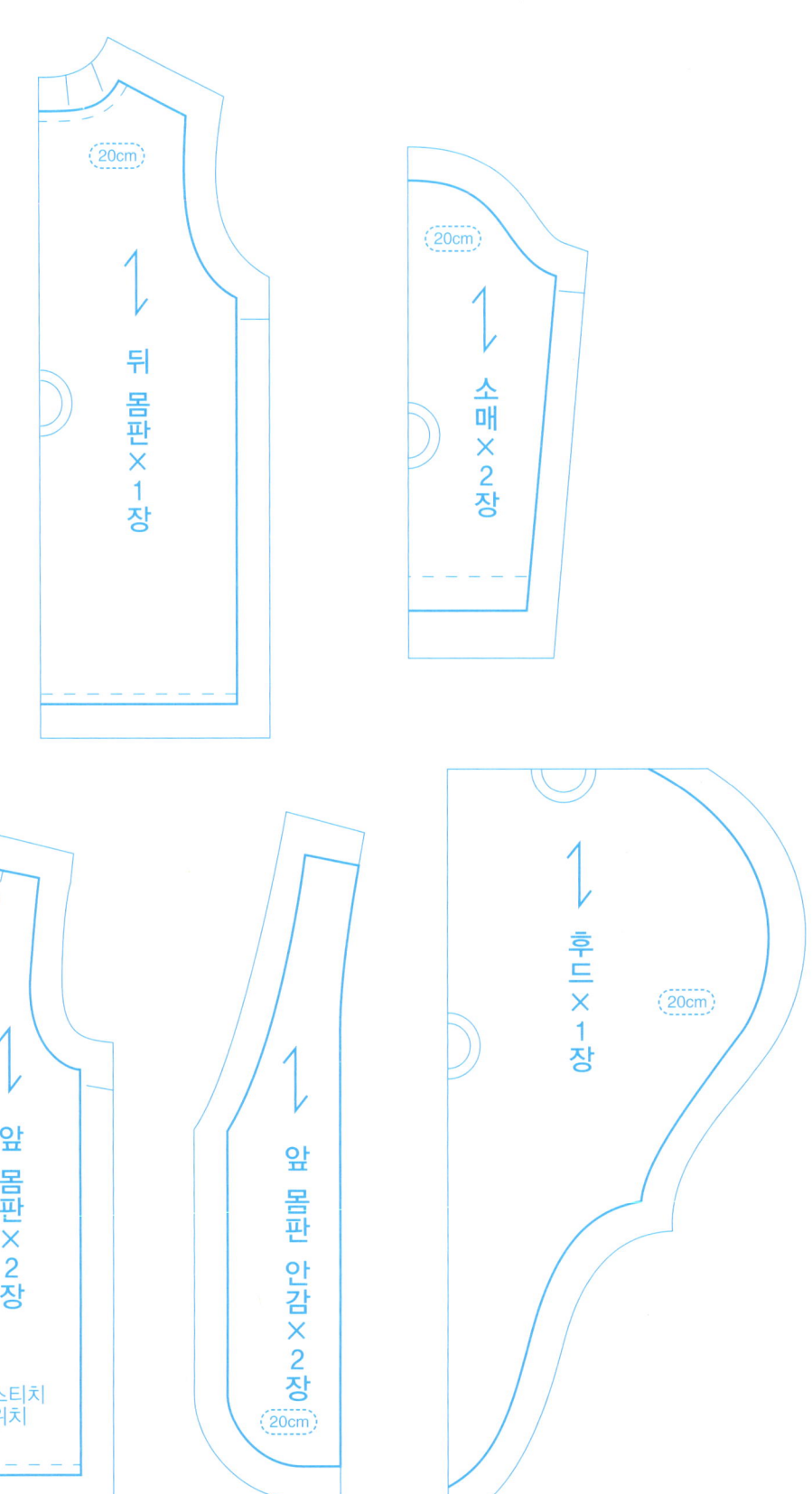

♥20cm

20cm

↑ 뒤 몸판×1장

20cm

↑ 소매×2장

↑ 앞 몸판×2장

20cm

스티치 위치

↑ 앞 몸판 안감×2장

20cm

↑ 후드×1장

20cm

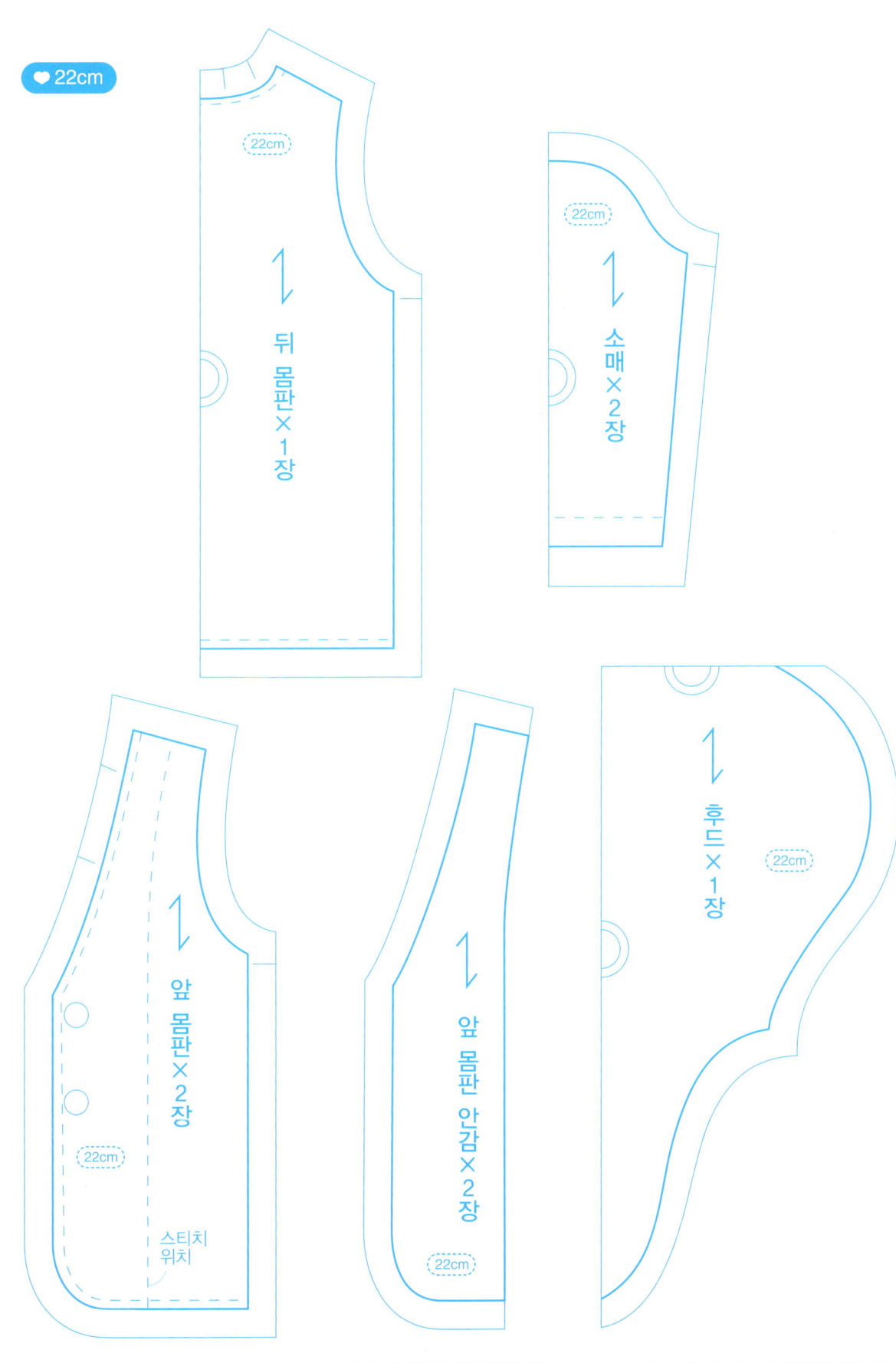

♥22cm

22cm

↑ 뒤 몸판×1장

22cm

↑ 소매×2장

↑ 앞 몸판×2장

22cm

스티치 위치

↑ 앞 몸판 안감×2장

22cm

↑ 후드×1장

22cm

27cm

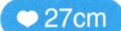

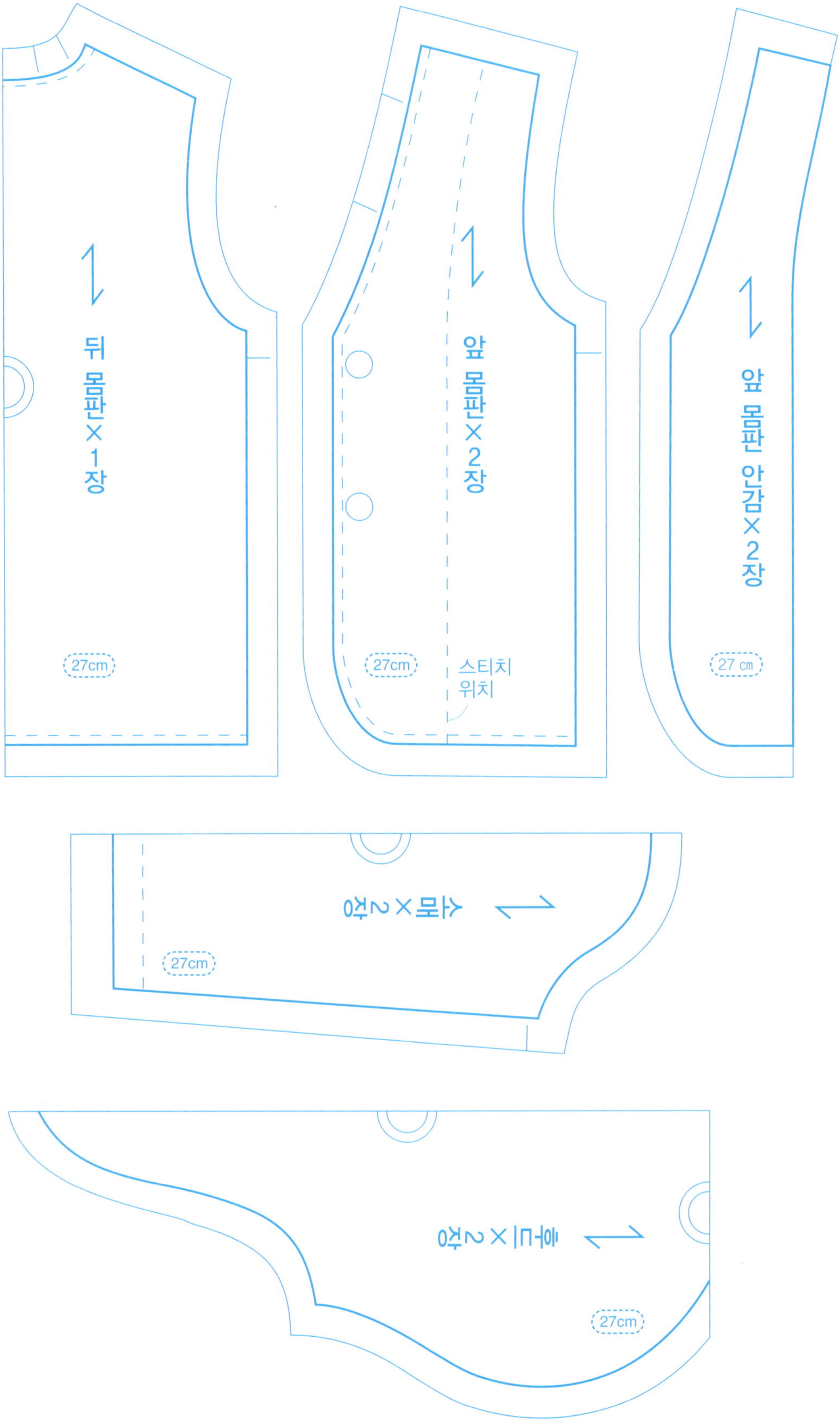
뒤 몸판×1장
27cm
앞 몸판×2장
27cm
스티치 위치
앞 몸판 안감×2장
27 cm
소매×2장
27cm
후드×2장
27cm

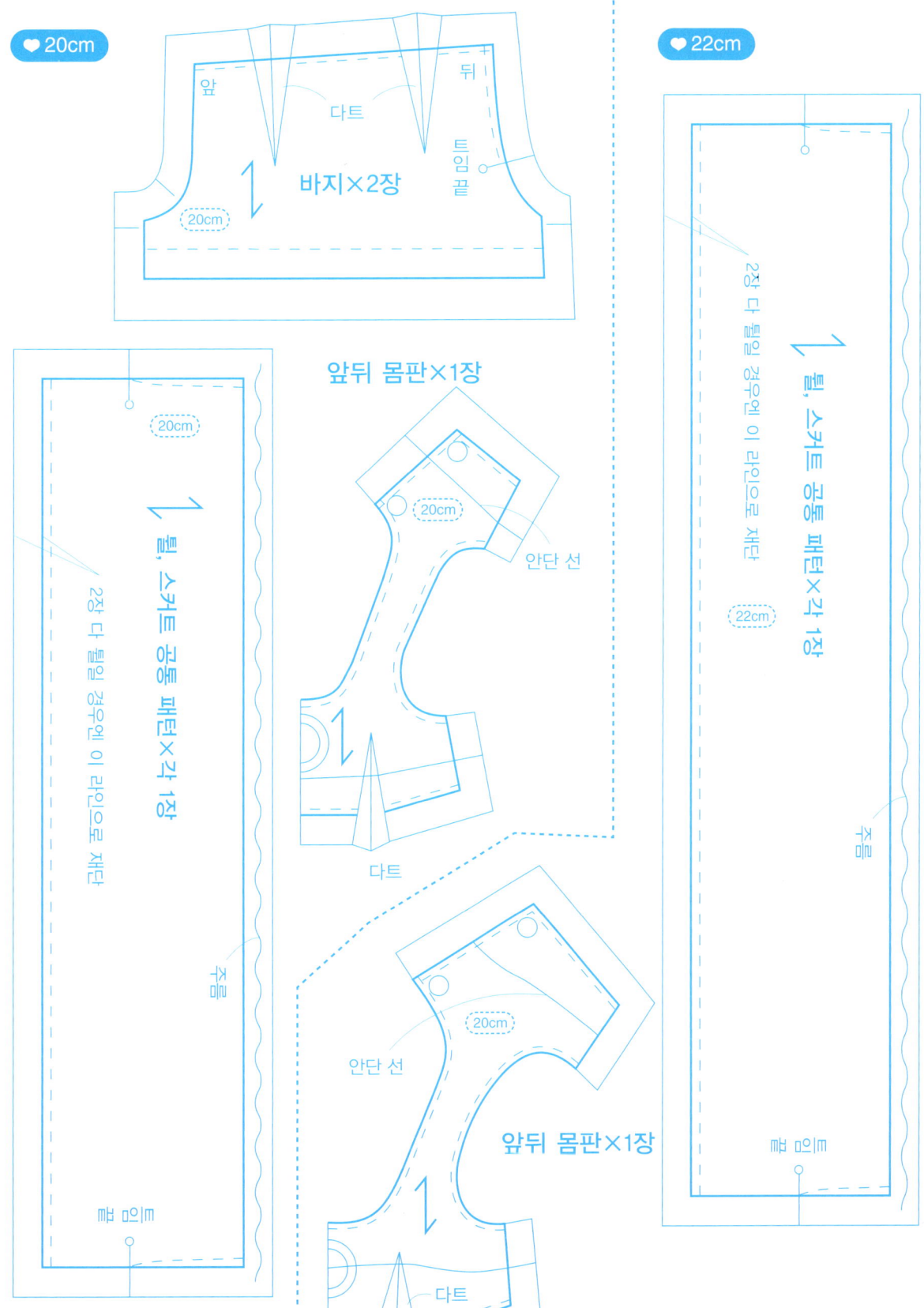

♥20cm

앞    뒤
다트
트임 끝
바지×2장
20cm

♥22cm

2장 다 뜰일 경우엔 이 라인으로 재단
틸, 스커트 공통 패턴×각 1장
22cm
주름
트임 부분

앞뒤 몸판×1장
20cm
안단 선
다트

2장 다 뜰일 경우엔 이 라인으로 재단
틸, 스커트 공통 패턴×각 1장
20cm
주름
트임 부분

안단 선
20cm
앞뒤 몸판×1장
다트

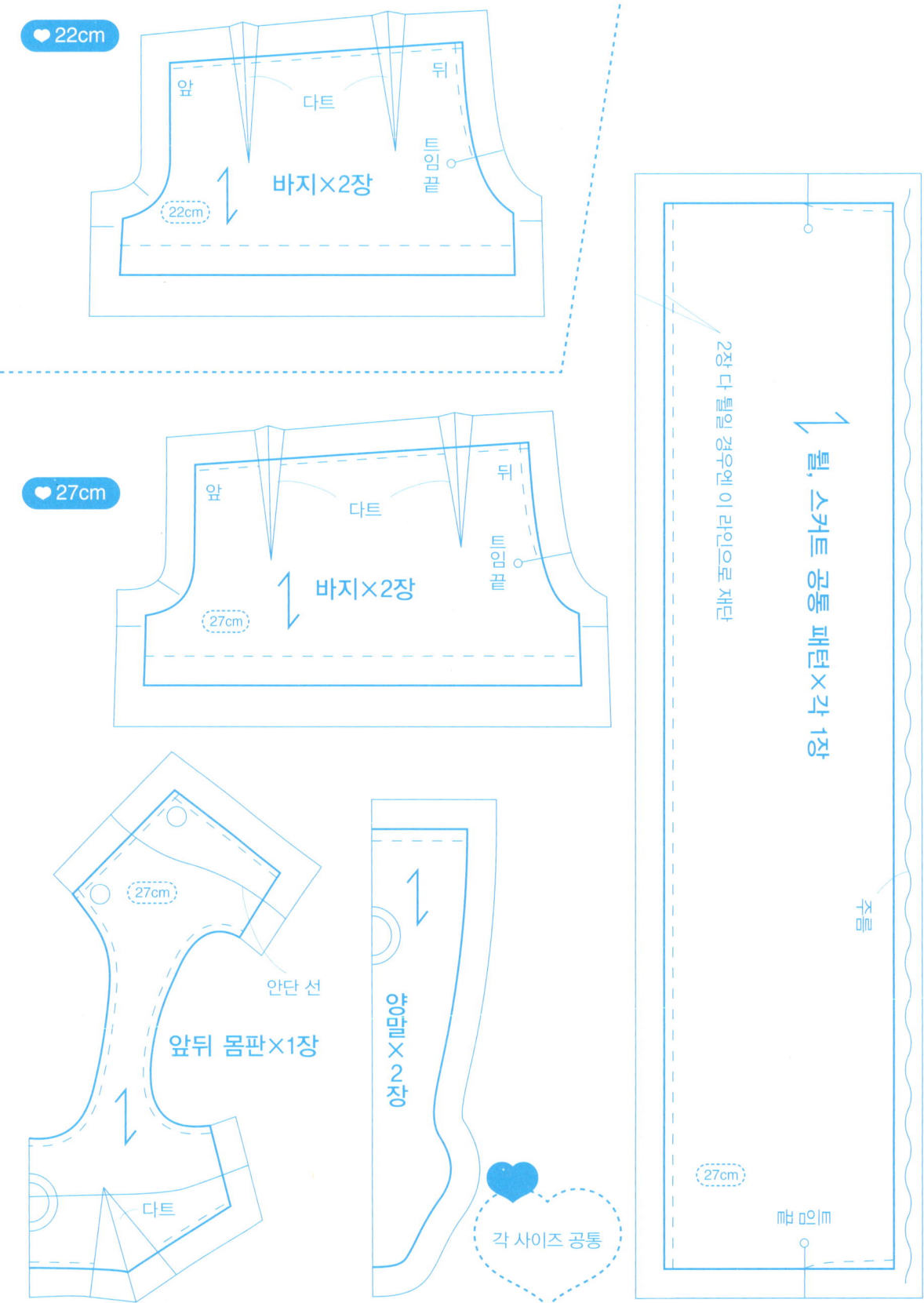

♥ 22cm

앞

다트

뒤

트임끝

바지×2장

22cm

♥ 27cm

앞

다트

뒤

트임끝

바지×2장

27cm

2장 다 틀일 경우엔 이 라인으로 재단

틀일, 스카트 공통 패턴×각 1장

주름

27cm

밑 밑 트

27cm

안단 선

앞뒤 몸판×1장

다트

양말×2장

각 사이즈 공통

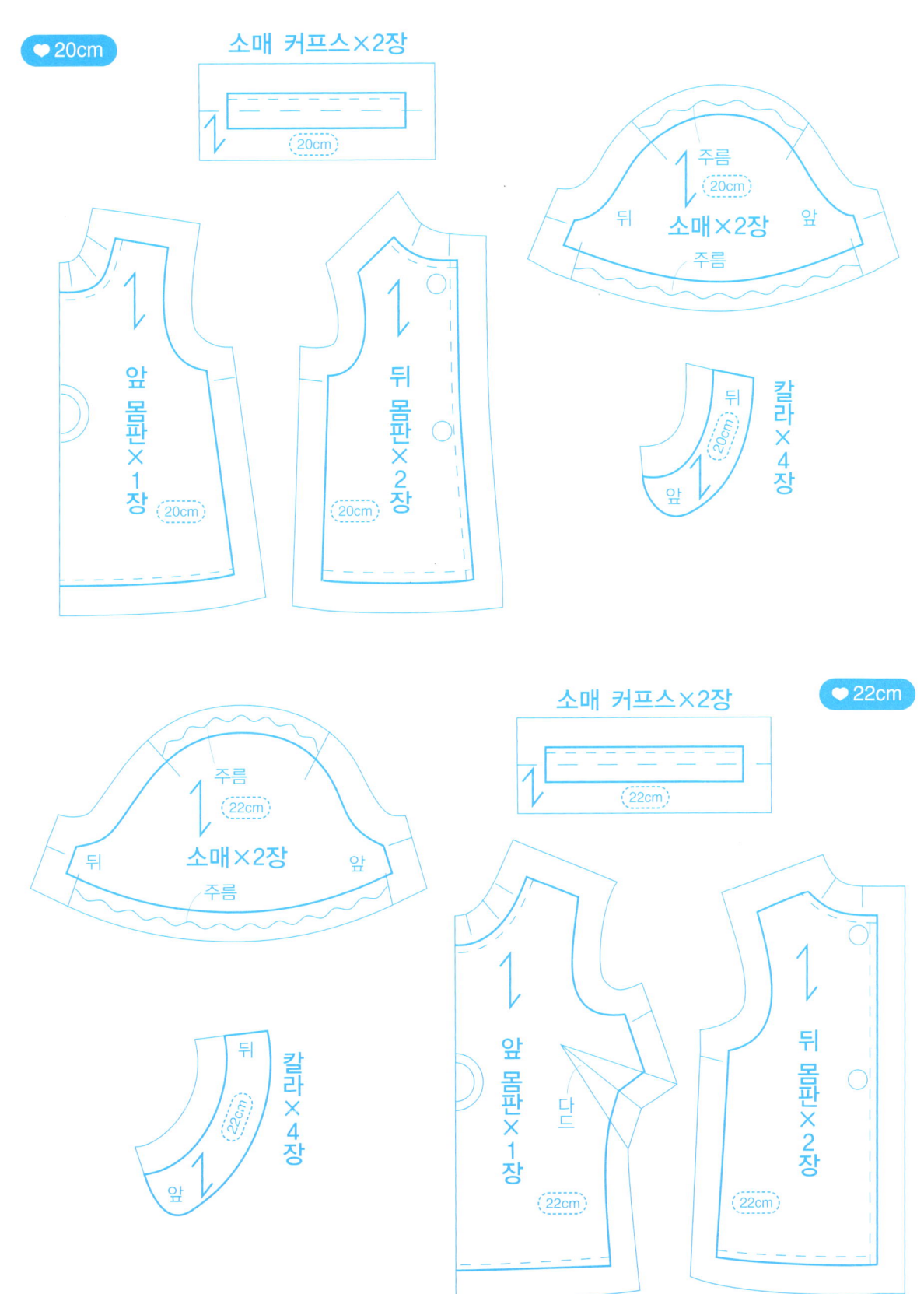

♥20cm

소매 커프스×2장

20cm

주름
20cm
뒤    소매×2장    앞
주름

앞
몸판×1장
20cm

뒤
몸판×2장
20cm

뒤
20cm
앞
칼라×4장

주름
22cm
뒤    소매×2장    앞
주름

소매 커프스×2장

22cm

♥22cm

뒤
22cm
앞
칼라×4장

앞
몸판×1장
단
22cm

뒤
몸판×2장
22cm

♥27cm

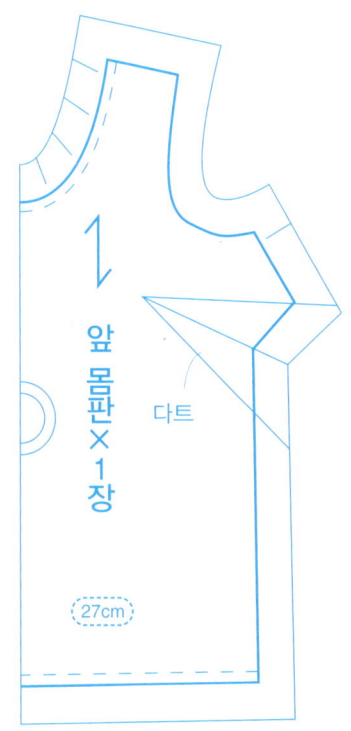

앞 몸판×1장

다트

27cm

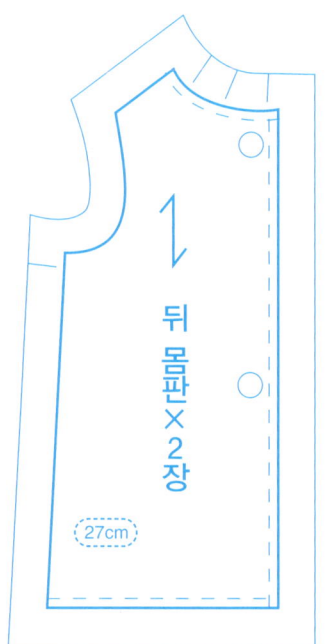

뒤 몸판×2장

27cm

소매 커프스×2장

27cm

뒤

27cm

앞

칼라×4장

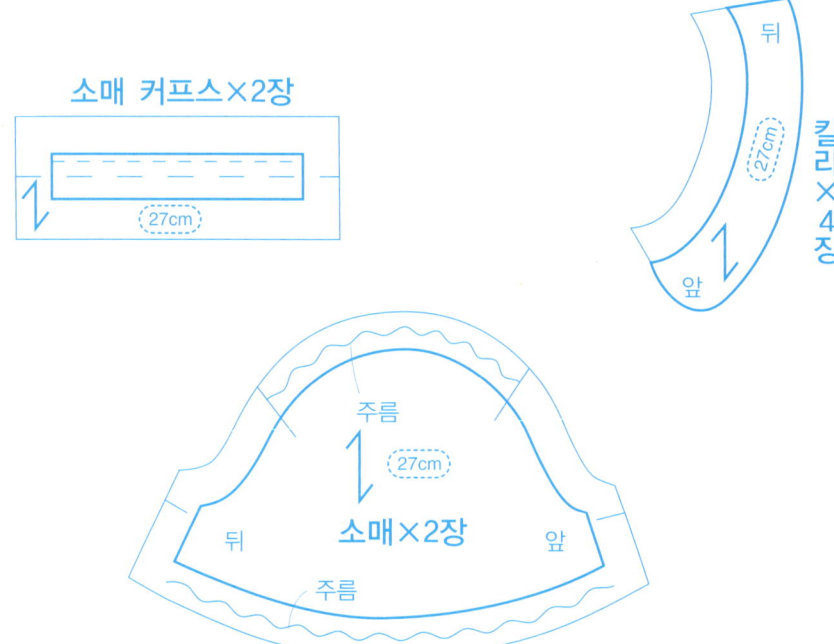

주름

27cm

뒤 소매×2장 앞

주름

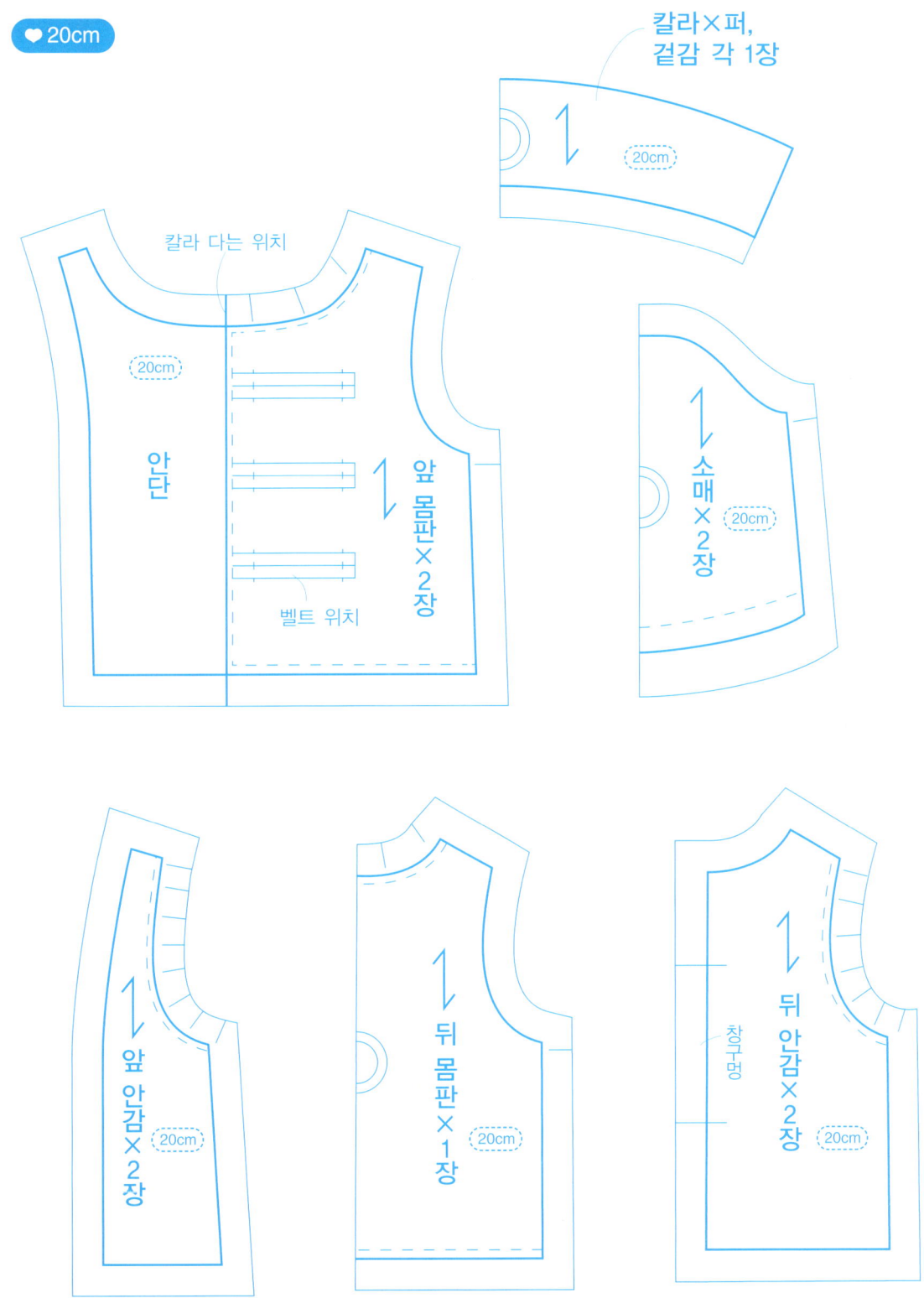

♥ 20cm

칼라×퍼,
겉감 각 1장

1 20cm

칼라 다는 위치

안단

20cm

앞
몸판×2장

벨트 위치

소매×2장 20cm

앞 안감×2장 20cm

뒤 몸판×1장 20cm

뒤 안감×2장 20cm

창구멍

♥22cm

칼라×퍼,
겉감 각 1장

1
22cm

칼라 다는 위치

벨트 위치

안단

앞 몸판×2장
22cm

1
소매×2장
22cm

1
앞 안감×2장
22cm

1
뒤 몸판×1장
22cm

창구멍

1
뒤 안감×2장
22cm

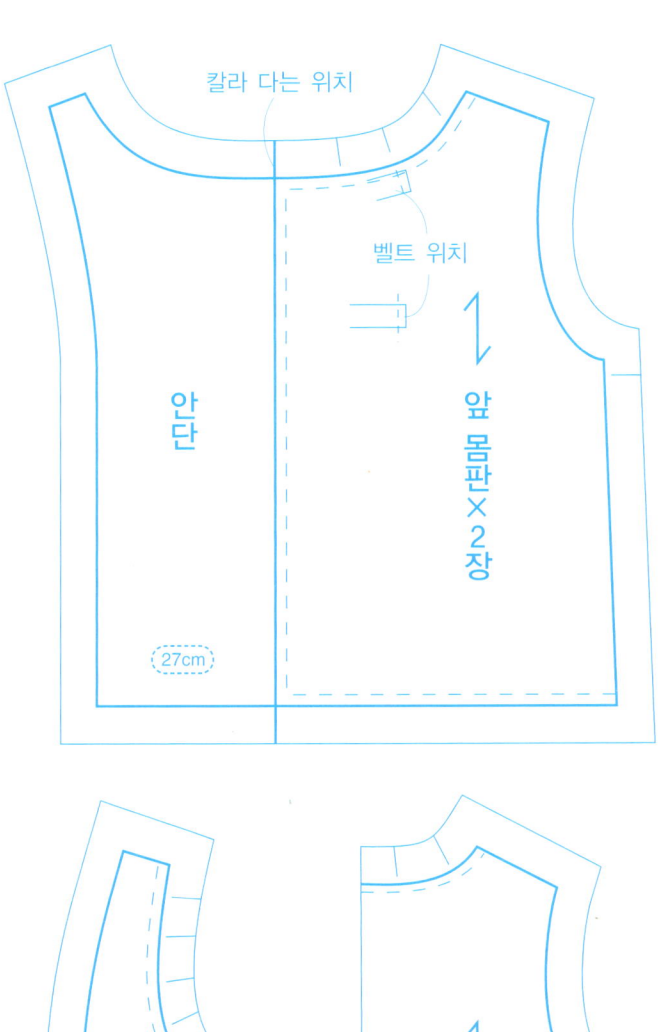

칼라 다는 위치

벨트 위치

안단

앞 몸판×2장

27cm

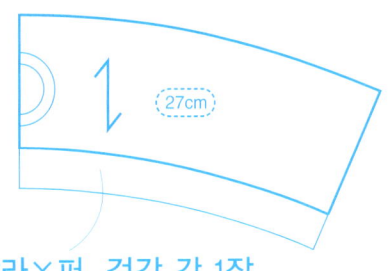

27cm

칼라×퍼, 겉감 각 1장

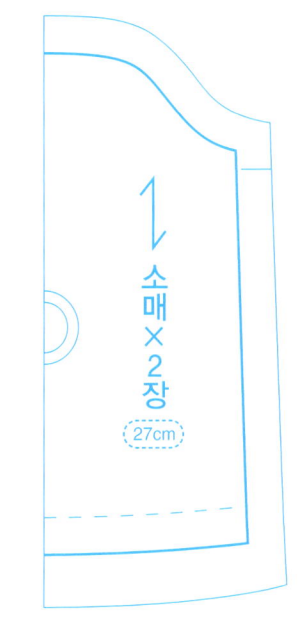

소매×2장

27cm

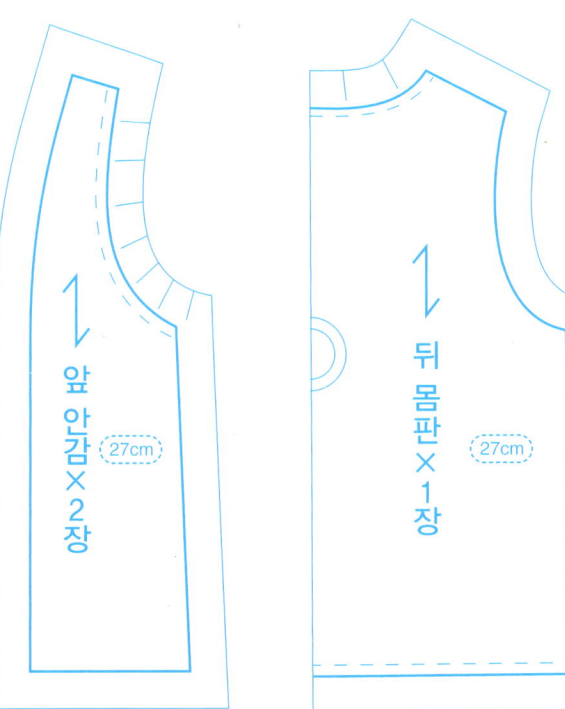

앞 안감×2장

27cm

뒤 몸판×1장

27cm

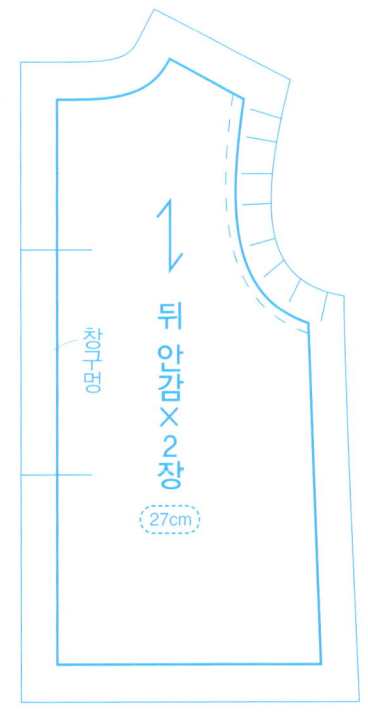

창구멍

뒤 안감×2장

27cm

◇ 당신은 언제나 옳습니다. 그대의 삶을 응원합니다. — 라의눈 출판그룹

KYOKARA HAJIMERU DOLL LESSON
Copyright © 2016 by Taeko Sekiguchi
All rights reserved Original Japanese edition published by Takarajimasha, Inc.
Korean translation rights arranged with Takarajimasha, Inc.
through Eric Yang Agency Co., Seoul.
Korean translation rights © 2017 by EyeofRa Publishing Co.,Ltd.

이 책의 한국어판 저작권은 Eric Yang Agency를 통한 Takarajimasha, Inc. 사와의
독점계약으로 라의눈주식회사가 소유합니다.
저작권법에 의하여 한국 내에서 보호를 받는 저작물이므로 무단전재와 복제를 금합니다.

세키구치 타에코의
# 러블리 인형옷
# LESSON

| | | |
|---|---|---|
| **1쇄** | 2017년 5월 25일 | |
| **2쇄** | 2020년 4월 10일 | |

**지은이** 세키구치 타에코     **옮긴이** 고현정
**펴낸이** 설응도         **편집주간** 안은주
**영업책임** 민경업         **디자인** 김현미

**펴낸곳** 라의눈

**출판등록** 2014년 1월 13일(제2014-000011호)
**주소** 서울시 강남구 테헤란로78길 14-12(대치동) 동영빌딩 4층

**문의** (e-mail)
**편집** editor@eyeofra.co.kr
**마케팅** marketing@eyeofra.co.kr
**경영지원** management@eyeofra.co.kr

**ISBN** 979-11-86039-79-3 13630

💜 패턴의 저작권 보호에 관한 주의사항

- - - - - - - - - - - - - - - - - - - - - - - - - - - - - - - - - - - - - - - - - - - - - - - -

이 책에서 소개하는 패턴은 개인이 즐기기 위한 것입니다.
개인, 단체, 기업 등을 묻지 않고 이 책에 개제되어 있는 패턴을 상업적으로 무단 사용하는 일은
어떠한 경우에도 금지합니다.